日本の偉人物語 ⑨

聖徳太子
昭憲皇太后
岡倉天心

岡田幹彦

光明思想社

はじめに

『日本の偉人物語9』は、聖徳太子《しょうとくたいし》・昭憲皇太后《しょうけんこうたいごう》・岡倉天心《おかくらてんしん》をとりあげた。

聖徳太子《しょうとくたいし》は古代日本の代表的人物である。「和《わ》を以《もっ》て貴《とうと》しと為《な》す」の言葉を知らない日本人はいない。また聖徳太子といえば誰でも法隆寺《ほうりゅうじ》を思いうかべる。法隆寺は世界最古《さいこ》の木造建築《もくぞうけんちく》であり世界遺産《いさん》でもある。飛鳥文化《あすかぶんか》の結晶《けっしょう》であり、当時の建物、仏像彫刻《ぶつぞうちょうこく》、絵画《かいが》、工芸《こうげい》等の美術、文化の素晴らしさ、高さを今日に残す世界に誇るべき至宝《しほう》である。さらに太子は隣国隋《りんごくずい》に対して、堂々《どうどう》たる対等《たいとう》外交を推進《すいしん》した古代随一《ずいいち》の外交家《がいこうか》でもあった。加《くわ》えてわが国に伝えられた仏教の本格的研究を行った上、仏教を受容《じゅよう》しこれを日本的仏教とする礎《いしずえ》を築《きず》いた人物である。

政治・外交・宗教・学問思想・芸術・文化・社会事業等の全方面において超人《ちょうじん》的な指導力を発揮《はっき》した古代最大の天才的政治家であり、後世に及ぼした感化《かんか》、影《えい》響《きょう》は計《はか》り知れず、死後「太子信仰《たいししんこう》」が生まれ今日《こんにち》に至っている。聖徳太子は一体何《いったいなに》を思い、何を願い、祖国日本をいかに導き再生《さいせい》せんとしたかが本書の主題《しゅだい》である。

昭憲皇太后《しょうけんこうたいごう》は明治天皇の皇后《こうごう》である。近代においてわが国のみ欧米《おうべい》の植民地《しょくみんち》化《か》・属国《ぞっこく》化《か》を阻止《そし》して明治維新《めいじいしん》を成就《じょうじゅ》し近代国家として新生《しんせい》しえたことは、非西洋諸国中唯一《ゆいいつ》の例外《れいがい》であり、近代世界史の奇蹟《きせき》であった。何ゆえにそれは可能であったか。それは国家国民統合《とうごう》の核心《かくしん》である明治天皇が存在したからである。その英明無比《えいめいむひ》なる明治天皇が、心から敬愛《けいあい》してやまなかったお方が昭憲皇太后である。

昭憲皇太后は類稀《たぐいまれ》な高貴《こうき》な人格のもとに生涯勉学《しょうがいべんがく》と修養《しゅうよう》を重《かさ》ね、至誠《しせい》と慎《つつし》みをもって明治天皇に内助《ないじょ》の功《こう》を積《つ》まれるとともに、人々に対しては慈愛《じあい》の限りを尽くされた全国民の慈母《じぼ》であった。明治が光輝《こうき》ある偉大な時代でありえたのは、かくの如《ごと》き天皇と皇后が存在したからである。昭憲皇太后は「真に日本女性万代《ばんだい》の亀鑑《きかん》」であった。

岡倉天心《おかくらてんしん》は明治の生んだ日本の「美の伝統《でんとう》」の最大の擁護者《ようごしゃ》である。この時代は「文明開化」が進み「欧化主義《おうかしゅぎ》」が世を覆《おお》った。科学技術を始めとする西洋文明に対して劣等感《れっとうかん》を抱《いだ》いた人々は、自国の精神文明、美術・文化に対しても自信を失っていた中で、岡倉天心は敢然《かんぜん》と日本の美術・文化・文明が世界の中で卓絶《たくぜつ》した価値を有していることを説いたほとんど唯一《ゆいいつ》の先覚者《せんかくしゃ》であった。

天心はこうした信念に立って、東京美術学校（現・東京芸術大学）、帝国博物館《ていこくはくぶつかん》（東京・奈良・京都）を設立《せつりつ》し、十年間、東京美術学校校長を勤め、そのあと日本《にほん》美術院《びじゅついん》を創立《そうりつ》した。また今日世界的名著とされる『東洋の理想』『茶の本《ちゃのほん》』を英文にて出版、欧米において大きな反響《はんきょう》をまきおこした。愛国心の溢《あふ》れる志士的《ししてき》気概《きがい》をもってわが国の「美の伝統」を護《まも》り抜いた岡倉天心は明治日本の生んだ最も傑出《けっしゅつ》した思想的巨人・偉人にほかならなかった。

本書出版に当たりご尽力頂いた光明思想社社長白水春人氏並びに中村龍雄氏に深く謝意を捧げる。

令和六年三月

岡田幹彦

日本の偉人物語　9

聖徳太子　昭憲皇太后　岡倉天心

目次

はじめに

第一話　聖徳太子

――皇国再建・救国の大偉人

1、古代日本の代表的人物

2、皇国再建に捧げた生涯（その一）

第二話　昭憲皇太后
――全国民の慈母として

第三話　岡倉天心
――日本の「美の伝統」の擁護者

（カバー写真）　国立文化財機構所蔵品統合検索システム（ColBase）（htpps://colbase.nich.go.jp/）を加工して作成、明治神宮所蔵、茨城県天心記念五浦美術館提供

第一話

聖徳太子

——皇国再建・救国の大偉人

聖徳太子

敏達天皇3年(574)～推古天皇30年(622)
飛鳥時代の用明天皇の第二皇子。推古天皇の皇太子・摂政として天皇を中心とした国家体制の確立を図った。また、仏教を厚く信仰し、世界最古の木造建築 法隆寺を建立した。
（肖像画：ColBase（htpp://colbase.nich.go.jp/)をもとに加工して作成）

1、古代日本の代表的人物

聖徳太子はなぜ偉人中の偉人なのか

わが国古代《こだい》において歴代《れきだい》天皇を別として、聖徳太子《しょうとくたいし》の存在が抜《ぬ》きん出ていることは誰しも異存《いぞん》（反対の意見）のないところである。在世時《ざいせいじ》においても後世《こうせい》においても、聖徳太子ほど超人化《ちょうじんか》され神格化《しんかくか》された人物は稀有《けう》である。空海《くうかい》（『日本の偉人物語8』）もまたそうだったが、聖徳太子が先駆者《せんくしゃ》であった。

聖徳太子の有名な「和《わ》を以《もっ》て貴《とうと》しと為《な》す」（憲法十七条第一条）の言葉を知らない

日本人はいない。「和の精神」「和の心」こそ日本人の根本《こんぽん》の心である。

また聖徳太子といえば、人々は直《ただ》ちに法隆寺《ほうりゅうじ》を思い浮かべる。法隆寺は七世紀の初め聖徳太子により創建《そうけん》された世界最古《さいこ》の木造建築《もくぞうけんちく》であり世界遺産《いさん》である。後《のち》に詳《くわ》しくのべるが、法隆寺は飛鳥《あすか》文化の代表であり、わが国の建築物、仏像彫刻《ぶつぞうちょうこく》、絵画《かいが》、工芸《こうげい》等の美術、文化、技術の素晴らしさ、高さを今日に残す世界に誇るべき至宝《しほう》(この上もない宝)である。聖徳太子は日本文化の母とも仰《あお》がれてきた。

さらに聖徳太子は隣国隋《りんごくずい》に対して、「日出《ひい》ずる処《ところ》の天子《てんし》、書《しょ》を日没《ひぼつ》する処の天子に致《いた》す。恙無《つつがな》きや」との堂々《どうどう》たる対等外交《たいとうがいこう》を行った古代きっての卓越《たくえつ》(群を抜きはるかにすぐれていること)した外交家でもあった。

加《くわ》えてわが国に伝来《でんらい》した仏教を自《みずか》ら学び徹底的《てっていてき》に研究しその真髄《しんずい》をつかみ、仏教を本格的に受け容《い》れたのも聖徳太子である。やがて仏教が日本の宗教として日本的仏教となり、わが国の伝統的な信仰、生き方と融合《ゆうごう》・同化《どうか》する基礎《きそ》を定めたのが太子である。

聖徳太子は推古《すいこ》天皇の皇太子《こうたいし》、摂政《せっしょう》（天皇の代《かわ》りに政治をとりしきる朝廷《ちょうてい》第一の政治家）として二十九年間、政治・外交・宗教・経済産業・社会事業・学問思想・芸術・文化等の全方面《ぜんほうめん》においてこの上ないすぐれた指導性を発揮《はっき》した古代最高の為政者《いせいしゃ》、哲人《てつじん》政治家（気高《けだか》い理想と深厚《しんこう》な信仰を持つ政治家）であり、太子に匹敵《ひってき》（肩を並べること）しうる政治指導者は殆《ほとん》どいない。

それゆえ聖徳太子は生前《せいぜん》すでに「聖王《ひじりのおおきみ》」あるいは菩薩《ぼさつ》・観音《かんのん》として仰がれ、生神様《いきがみさま》として全国民の崇敬《すうけい》（崇《あが》め敬《うやま》うこと）・景仰《けいこう》（仰《あお》ぎ慕《した》うこと）の的《まと》であった。このような人物はわが国歴史において太子のほか以後、明治天皇があるばかりである。従って後世《こうせい》に及ぼした影響、感化《かんか》は計《はか》り知れず絶大《ぜつだい》であった。聖徳太子の存在はまことに奇蹟《きせき》的というしかなかった。

しかし今日《こんにち》の日本人は聖徳太子についてどれほど知っているだろうか。偉い人には違いないと漠然《ばくぜん》（とりとめのない様子《ようす》）とは思っても、深く理解しているとは言い難《がた》い。大東亜戦争《だいとうあせんそう》の敗戦《はいせん》によるアメリカの占領統治《せんりょうとうち》により、日本人としての誇りと自信を喪失《そうしつ》（なくすこと、失うこと）した人々の中には、聖徳太子を偉人と思わないどころか、聖徳太子は存在しなかったなどという暴論《ぼうろん》を吐《は》く者まで出て来る世の中である。先人《せんじん》たちが偉人中の偉人として崇敬《すうけい》おくあたわざる人物を軽視し蔑《さげす》み矮小化《わいしょうか》（低くおとしめること）することにより、さらに日本人の誇りと自信を奪い去ろうとしている人々の悪企《わるだく》みにひっかかってはならない。

聖徳太子が古代日本を代表する特別な存在である所以《ゆえん》（理由）を出来るだけ簡潔《かんけつ》に語ろう。

古代日本最大の国難
――蘇我馬子《そがのうまこ》の崇峻《すしゅん》天皇殺害《さつがい》

わが国は建国以来《けんこくいらい》、「万世一系《ばんせいいっけい》の天皇」を戴《いただ》く世界唯一《ゆいいつ》の光輝《こうき》ある歴史伝統《でんとう》を持つ「神国《しんこく》日本」「皇国《こうこく》日本」であることは、これまで『日本の偉人物語』の各巻において繰《く》り返《かえ》し語ってきた。

しかしわが国の偉大な歴史と伝統は決して容易《ようい》に維持《いじ》されてきたのではなかっ

た。歴史上、幾度《いくたび》かこの伝統が途切《とぎ》れる危機《きき》に直面《ちょくめん》したが、先人達《せんじんたち》が命をかけてこれを阻止《そし》（阻《はば》み止《と》めること）し皇統《こうとう》（天皇の血統《けっとう》）を護《まも》り抜《ぬ》いてきたのである。

天皇を国家の中心に戴く日本の国体《こくたい》があわや破壊《はかい》されんとしたわが国最初の国《こく》難時《なんじ》に出現《しゅつげん》したのが聖徳太子であった。聖徳太子はこの危機・国難から皇国日本を守護《しゅご》し蘇生《そせい》（よみがえること）せしめた救国《きゅうこく》・救世《きゅうせい》の大偉人であったことを明《あき》らかにすることがこの物語の主題《しゅだい》である。

この国難は当時、朝廷《ちょうてい》において権勢《けんせい》（権力と勢力）をほしいままにし、横暴《おうぼう》（道にはずれたわがまま勝手《かって》）、驕慢《きょうまん》（おごりたかぶり人をあなどること）、不忠《ふちゅう》の限りを尽くしていた豪族《ごうぞく》、大臣《おおおみ》・蘇我氏《そがし》によりもたらされたものである。蘇我氏は稲目《いなめ》の時代に勢力を伸張《しんちょう》し、娘二人を欽明《きんめい》天皇の皇妃《こうひ》として入れ一大豪族となり、息子の馬子《うまこ》のとき強力《きょうりょく》な政敵《せいてき》である物部守屋《もののべのもりや》を討ち滅ぼして朝廷の実権《じっけん》を握り、ついに皇位継承《こういけいしょう》について干渉《かんしょう》（権限外《けんげんがい》のことにつき手を出し自分の思いのままにしようとすること）、用明《ようめい》天皇のあと崇峻《すしゅん》天皇を擁立《ようりつ》（臣下《しんか》が君主《くんしゅ》をもり立て位につかせること）した。こうして皇位継承の実質的《じっしつてき》決定権を握《にぎ》るのである。

この蘇我馬子《そがのうまこ》の犯《おか》した最大の罪悪が、部下の東 漢 直駒《やまとのあやのあたいこま》を使って崇峻天皇を弑逆《しいぎゃく》(天皇を殺害すること)したことである。それは馬子の天皇への大逆《たいぎゃく》(天皇への叛逆《はんぎゃく》を「大逆」という)であり、臣下《しんか》として日本人として絶対に許されないこの上なき悪逆無道《あくぎゃくむどう》(人道にそむいた悪事《あくじ》)の行為であった。このとき馬子は東 漢 直駒《やまとのあやのあたいこま》を直《ただ》ちに殺して口封《くちふう》じをし、それが馬子の指《さ》しがねである証拠《しょうこ》を隠滅《いんめつ》し事件を闇《やみ》に葬《ほうむ》り去った。のみならず崇峻《すしゅん》天皇を即日《そくじつ》、火葬《かそう》にした。言葉にすることも憚《はばか》る蘇我馬子の言語道断《ごんごどうだん》(もってのほか)、凶悪《きょうあく》そのもののこの上なき犯罪であり、それは建国以来の大不祥事《だいふしょうじ》(最もよくないこと)であったのである。

この時わが国はかつてない最大の国体《こくたい》の危機、国難を迎えたのである。朝臣《ちょうしん》(朝廷《ちょうてい》に仕《つか》える臣下《しんか》)が自分の思いのままにならない天皇を殺害、排除《はいじょ》して、神聖《しんせい》なる皇位《こうい》をわが掌 中《しょうちゅう》に握《にぎ》ろうとすることは日本国体《こくたい》の破壊にほかならない。

このあとの歴史において、天皇・皇室に叛逆《はんぎゃく》した大悪党として、道鏡《どうきょう》、北条《ほうじょう》義時《よしとき》、北条泰時《ほうじょうやすとき》、足利高氏《あしかがたかうじ》、足利義満《あしかがよしみつ》が出たが、その最初が蘇我《そが》であり、蘇我馬子《うまこ》・蝦夷《えみし》・入鹿《いるか》の三代であった。

これが聖徳太子の生まれ合わせた頃の時代的背景《はいけい》である。太子は法隆寺を代表とする飛鳥《あすか》時代の華《はな》やかな文化的指導者でも単なる仏教奨励者《しょうれいしゃ》でもなく、かつてない危機・国難の時代の指導者であったのである。蘇我一族による国体破壊の空前《くうぜん》の危機の時代に、聖徳太子が出現したという大前提《だいぜんてい》（物事《ものごと》を考える時の基礎《きそ》となるもの）をしっかりと頭に入れておく必要がある。つまり聖徳太子と国賊《こくぞく》（国家に叛逆する賊）・蘇我一族は決して相容《あいい》れない根本的な対立関係にあったのである。

聖徳太子出現の使命
――皇国日本の救済と再生

聖徳太子が推古《すいこ》天皇の摂政《せっしょう》になったのは、崇峻天皇殺害の一年後のことである。この一大不祥事《いちだいふしょうじ》が起きたとき、これをありうべからざる国体の危機として最も深い衝撃《しょうげき》を受け最も苦悩《くのう》されたのは言うまでもなく聖徳太子であった。この千秋《せんしゅう》の恨事《こんじ》（長年月における最も残念なこと）に対して当時十九歳の太子はどう思われたであろうか。ひとたびは馬子《うまこ》の大逆《たいぎゃく》に憤怒《ふんぬ》され、一身《いっしん》を犠牲《ぎせい》にして馬子を討たねばならぬと決心されたに相違《そうい》ない。しかし馬子の権力は絶頂《ぜっちょう》に達《たっ》し強大な武力《ぶりょく》を持っており、朝臣《ちょうしん》のほとんどは馬子に靡《なび》き伏《ふ》して膝《ひざ》を屈《くっ》していた。また太子が馬子を討伐《とうばつ》せんとする場合、馬子は下手人《げしゅにん》を殺し証拠《しょうこ》を隠滅《いんめつ》していたから、崇峻《すしゅん》天皇殺害を口実《こうじつ》（理由）とする馬子討伐《とうばつ》は不可能であった。それでもあえて馬子討伐に起《た》ち上《あが》らんとした場合、太子には頼りとする部下、武力はなくあまりにも非力《ひりき》であり、それは無謀《むぼう》の挙《きょ》となり果《は》て馬子に返《かえ》り討《う》ちを浴《あ》びるしかなかったであろう。事《こと》ひとたび破れたならば太子は命を失うのみならず、皇室そのものの運命が絶体絶命《ぜったいぜつめい》に陥《おちい》り、蘇我《そが》は皇室を必ずや廃絶《はいぜつ》し、自ら革命王朝《かくめいおうちょう》を打ち立てる恐れが十二分にあったのである。当時の日本はこうした言語《げんご》に絶《ぜっ》するこの上ない危機にあったことを知らねば、聖徳太子の苦悩《くのう》に満《み》ちた心中《しんちゅう》は到底《とうてい》理解できない。太子は深く悩み抜き慎重《しんちょう》に考えた末《すえ》、涙を呑《の》んで自重《じちょう》し隠忍《いんにん》（苦痛にたえること）の道を選ばれたのである。

聖徳太子以外には、この空前《くうぜん》の国難より皇国《こうこく》日本を救済《きゅうさい》しうる人物は他にいなかった。蘇我のような国賊《こくぞく》が再び出現《しゅつげん》しない為に、国民思想と政治の根本的革新《かくしん》を行い、皇国日本を真《しん》に蘇生《そせい》（よみがえること）することを太子は固く決意し、もって国体の危機を打開《だかい》したあと、蘇我を排除《はいじょ》せんとされたのであった。それは三十年間にわたる困苦《こんく》に満ちた大事業であったのである。

あたかもシナの歴史によく登場《とうじょう》する蘇我のような悪党がなぜ出現したのであろうか。それには時代的背景《はいけい》を顧《かえり》みなければならない。わが国は神武《じんむ》天皇以来長らく隆々《りゅうりゅう》と発展を遂《と》げ、雄略《ゆうりゃく》天皇の頃（五世紀末）まで皇室の最盛期が少なくとも数百年間続いた。国内は平和に繁栄し、国威《こくい》（国家の威力、勢い）は海外に振《ふる》い、朝鮮半島の国家（百済《くだら》、新羅《しらぎ》、高句麗《こうくり》）は日本の武威《ぶい》（強力、勇猛《ゆうもう》な勢い）に靡《なび》き伏《ふ》し、わが国は任那《みまな》に日本府《にほんふ》をおいて半島を監視《かんし》していた。神功《じんぐう》皇后（仲哀《ちゅうあい》天皇皇后）が半島にわたり新羅を征伐《せいばつ》したことは日本書紀に記されている。

しかし数百年間にわたる日本の大発展も、雄略天皇以降ようやくかげりを見せ始め、さしも強大だった日本の国威は次第《しだい》に衰《おとろ》え、その間に有力な氏族《しぞく》（大臣《おおおみ》・大連《おおむらじ》といわれる）、大伴氏《おおともし》・物部氏《もののべし》・蘇我氏《そがし》などが台頭《たいとう》し皇室を凌《しの》ぐ大きな力を持つようになり、大臣《おおおみ》・大連《おおむらじ》の擅権《せんけん》（権力を擅《ほしいまま》にすること）時代となった。朝廷《ちょうてい》の政治が有力氏族の手に握られ皇室の権威《けんい》が衰えてくるとそれは対外関係に影響を及ぼし、これまで服属《ふくぞく》していた新羅《しらぎ》が反抗《はんこう》して、任那《みまな》の日本府が新羅に滅ぼされてしまった（五六二年）。日本は約二百年間、朝鮮半島において占《し》めていた圧倒的優位《ゆうい》をここに失ったのである。太子の祖父・欽明《きんめい》天皇の時代のことである。

日本が朝鮮半島に優勢《ゆうせい》を誇った時代の大きな特徴《とくちょう》は、半島より大陸文化が流入《りゅうにゅう》したことである。また半島や大陸から少なからぬ帰化人《きかじん》がやってきた。彼らは様々《さまざま》な技術、文化、学問、思想などをわが国にもたらした。良いものも悪いものも玉石混淆《ぎょくせきこんこう》（いりまじること）である。こうして帰化人が外国文化の指導者、実行者の時代が長らく続いた。明治の文明開化《ぶんめいかいか》時代を見てもわかるように、外国文化が流入した場合、日本の伝統文化がないがしろにされて、国民思想の混迷《こんめい》（混乱）、外国化という憂《うれ》うべき弊害《へいがい》（悪いこと、害）が生《しょう》じる。明治時代、西洋文化・文明一辺倒《いっぺんとう》（一方にだけ傾くこと）の西洋崇拝熱《すうはいねつ》がことに知識人に顕著《けんちょ》（きわだって目につくこと）だったが、古代においても似たようなことが起きたのである。「西洋かぶれ」ならぬ「シナかぶれ」「半島かぶれ」の出現《しゅつげん》である。その筆頭《ひっとう》こそ蘇我《そが》であった。

シナ思想と朝鮮思想の核心《かくしん》（中心）は「中華《ちゅうか》思想」「革命《かくめい》思想」と「事大《じだい》主義《しゅぎ》（強大《だい》なものになびき従うという隷属的思想《れいぞくてきしそう》）」である。このような思想が日本に流入しその結果、わが国民思想の「シナ化」「朝鮮化」が上層部に浸透《しんとう》（しみ通ること）していった末に公《おおやけ》を忘れた私利私欲《しりしよく》の利己《りこ》的思想が蔓延《まんえん》（広がること）、これまでの熱烈《ねつれつ》な忠君《ちゅうくん》（天皇に忠義《ちゅうぎ》・忠誠《ちゅうせい》をつくすこと）愛国《あいこく》の心を喪失《そうしつ》した蘇我のような人物が出てきたのである。朝鮮、シナからの帰化人によってもたらされた革命思想という恐るべき毒薬《どくやく》に侵《おか》され、ついに崇峻《すしゅん》天皇の殺害を招《まね》き、わが「万世一系《ばんせいいっけい》の天皇」を戴《いただ》く皇国《こうこく》日本を未曾有《みぞう》（かつてないこと）の危機に陥《おとしい》れたのであった。

まとめてみると、外にあっては国威《こくい》を失墜《しっつい》（失うこと）し任那日本府《みまなにほんふ》を失い、内にあってはシナの革命思想に毒されて国民思想が動揺《どうよう》し豪族が専横《せんおう》（ほしいままにふるまうこと）を極《きわ》め、皇威《こうい》（皇室の尊厳《そんげん》・威厳《いげん》）が地《ち》に堕《お》ちついに天皇殺害という亡国的末期《ぼうこくてきまっき》状況を招《まね》き、今一歩《いまいっぽ》で皇国日本の滅亡《めつぼう》という最悪の事態《じたい》に直面《ちょくめん》していたのが、聖徳太子の摂政就任時《せっしょうしゅうにんじ》であったのである。これほどの難局《なんきょく》に立った国家指導者は稀有《けう》であった。

聖徳太子は蘇我《そが》を一朝一夕《いっちょういっせき》に排除《はいじょ》することは到底《とうてい》できない。そこで約三十年という長年月を要《よう》して、蘇我のような逆賊《ぎゃくぞく》(国家に叛逆《はんぎゃく》する悪党)が二度と出現しないようにするにはどうしたらよいかを真剣に考え抜き、急がず焦《あせ》らず一歩一歩適切《てきせつ》な措置《そち》(処置《しょち》)を構《こう》じていったのである。国体最大の危機からわが国を救い上げ、いかにして皇国日本を磐石《ばんじゃく》の基礎《きそ》の上に建《た》て直《なお》すかが、聖徳太子の生涯《しょうがい》に課《か》せられた役割・責務《せきむ》・使命《しめい》であったのである。

この最も肝腎《かんじん》(大切なこと)なことを従来《じゅうらい》、聖徳太子の物語において明確《めいかく》に説いた人は戦後、殆《ほと》どいなかったのである。人々は太子が偉大な人物であることはなんとなく感じつつもなにゆえに偉大なのか、これまで何を読んでもよくわからなかったのである。国史上真《しん》に偉大な人物——神武《じんむ》天皇、聖徳太子、菅原道真《すがわらのみちざね》、楠木正成《くすのきまさしげ》、明治《めいじ》天皇、西郷隆盛《さいごうたかもり》、吉田松陰《よしだしょういん》ら——にはみなこの悲運《ひうん》がつきまとい、その偉大さが日本人全体に理解されるまでに長い年月を要《よう》するのである。

聖徳太子の摂政《せっしょう》就任
――「万機《よろずのまつりごと》を総摂《ふさねかわ》りて天皇行《みかどわざし》たまう」

聖徳太子は敏達《びだつ》天皇三年（五七四）に誕生した。父君《ちちぎみ》は用明《ようめい》天皇（敏達天皇の次の天皇）、祖父は欽明《きんめい》天皇である。厩戸皇子《うまやとのみこ》とよばれたが、ほかに上宮皇子《かみつみやのみこ》・豊聡耳皇子《とよとみみのみこ》・聖王《ひじりのおおきみ》・法王《のりのおおきみ》そして聖徳太子である。全部で十種を超える。聖徳太子ほどこのような称賛《しょうさん》の念《ねん》のこもった多くの名を持つ人物はほかにいない。このこと一つとってみても、聖徳太子が想像を絶する偉人であったことが思いやられる。聖王・法王という名称は死後たたえられそう呼ばれたのではなく、生前《せいぜん》からの名称である。来日して長い間、聖徳太子に仏教を講《こう》じた高句麗《こうくり》の仏僧慧慈《ぶっそうえじ》はこうのべている。

「日本国《やまとのくに》に聖人《ひじり》まします。玄《はるか》なる聖《ひじり》（極《きわ》めてすぐれた聖徳）の徳《いきおい》を以《も》て日本の国に生《あ》れませり。これ実《まこと》の大聖《おおきひじり》（最も徳の高い聖人）なり」

決して追従《ついしょう》（こびへつらうこと）のお世辞《せじ》ではなく心からの讃嘆《さんたん》である。歴史学者の坂本太郎は「太子の徳を讃《たた》えるのに、聖《せい》の字は最も適当《てきとう》と考えられたのであろう」とのべている。「法王（のりのおおきみ）」は、太子の仏教興隆《こうりゅう》の徳を讃えて捧《ささ》げられた称号《しょうごう》である。聖王・法王という称号が生前《せいぜん》から捧げられたことは、聖徳太子という人物がいかに名状《めいじょう》に尽《つ》くし難《がた》い格別の存在であるかということを、当時の人々がみな知り抜いていたからである。比較《ひかく》を絶《ぜっ》するとてつもない人物であり、生神様《いきがみさま》として仰《あお》がれた偉人であったのである。

崇峻《すしゅん》天皇の崩御《ほうぎょ》後《ご》、推古《すいこ》天皇が即位《そくい》された。推古天皇は敏達天皇の皇后であったが、わが国初の女帝《じょてい》である。太子は甥《おい》にあたる。初めての女性天皇が出現したこと自体《じたい》、当時の日本が極《きわ》めて困難な危機的状況にあったことを物語っている。本来次の天皇になるべき方は聖徳太子であったが、蘇我馬子《そがのうまこ》は自己の権勢《けんせい》の維持《いじ》の為、英明《えいめい》（すぐれて賢いこと）な太子を恐れて即位《そくい》を望まずこれを阻《はば》み、全く異例《いれい》というべき女帝を擁立《ようりつ》し自己の都合《つごう》の良いように陰《かげ》で操縦《そうじゅう》せんとしたのである。

しかし推古天皇は馬子の思い通りにはならぬ賢明《けんめい》さを備《そな》えておられた。天皇は聖徳太子の人物を深く認めその高貴《こうき》なる人格を信頼し皇太子として立て摂政《せっしょう》に任命、政治を全面的に委任《いにん》されたのである。『日本書紀』には「万機（よろずのまつりごと）を総摂（ふさねかわ）りて、天皇事行（みかどわざし）たまう」と記している。推古天皇の即位も太子の摂政も全く異例《いれい》そのものであったのである。

この時、蘇我馬子は大臣《おおおみ》として太子の下に位置した。太子と馬子は次のような関係にある。太子の父方も母方も蘇我の血が流れている。父君用明《ようめい》天皇の父である欽明《きんめい》天皇の皇后は堅塩媛《きたしひめ》で蘇我稲目《いなめ》の娘、母君穴穂部間人皇女《あなほべのはしひとのひめみこ》は稲目のもう一人の娘小姉君《おあねのきみ》の娘である。そうして太子のお妃《きさき》・刀自古郎女《とじこのいらつめ》は馬子の娘である。このように聖徳太子は蘇我と血縁関係が深い。その蘇我一族の当主である馬子が当時の朝廷《ちょうてい》を実質《じっしつ》的に支配していたのだから、太子心中《しんちゅう》の苦悩《くのう》がいかに深かったかを知らねばならない。最も憎むべき排除されなければならないこの上ない逆賊《ぎゃくぞく》の血が自分の中にも流れ、妻が馬子の娘なのである。これ以上の苦痛、苦悩はなかったのである。

推古天皇の母も蘇我稲目の娘（堅塩媛《きたしひめ》）であり、馬子は推古天皇の伯父《おじ》にあたる。しかし推古天皇は馬子《うまこ》の専横《せんおう》を快《こころよ》く思われず、馬子を抑《おさ》えるために聖徳太子に大きな期待をかけられた。

以後、聖徳太子は大臣《おおおみ》の馬子と協議《きょうぎ》しつつ朝政《ちょうせい》（朝廷の政治）を執《と》るのである。馬子は決して許すべからざる人物だから、太子は細心《さいしん》の注意を払い警戒《けいかい》しつつ隠《いん》忍《にん》自重《じちょう》、忍耐《にんたい》の限りを尽くして三十年間やり抜いたのである。馬子が朝廷の中心に傲然《ごうぜん》（おごりたかぶるさま）と居坐《いすわ》っている中で皇国《こうこく》救済の新政を推進《すいしん》してゆくことがいかに筆舌《ひつぜつ》に尽くしがたい至難《しなん》（最も困難なこと）の事業であったかを思いやらねばならない。馬子も無論太子を深く警戒して心を許さないのは言うまでもない。出来ることなら崇峻《すしゅん》天皇同様抹殺《まっさつ》したいが、太子には隙《すき》がなくその政治的手腕は際立《きわだ》っており、全《すべ》ての人々が太子を聖人視《せいじんし》して悦服《えっぷく》（心から悦び従うこと）していたから、馬子は太子在世中《ざいせいちゅう》は手も足も出ず従順《じゅうじゅん》を装《よそお》うしかなかった。しかし両者は三十年間、張り詰《つ》めた糸《いと》のように緊張《きんちょう》した対立関係にあったのである。一国を指導する政治家として聖徳太子ほど困難極《きわ》まる立場にいた人物は国史上稀《まれ》であったのである。

2、皇国再建に捧げた生涯（その一）

冠位《かんい》十二階の制定
――その意義

摂政《せっしょう》という朝臣《ちょうしん》最高の地位に立ったとは言え、聖徳太子は直《ただ》ちに新政《しんせい》の数々《かずかず》に着手《ちゃくしゅ》されたのではなかった。急いで下手《へた》に大胆《だいたん》な改革《かいかく》を打ち出せば、蘇我馬《そがの》子が必ず抵抗《ていこう》して潰《つぶ》しにかかることは目に見えている。太子の本格的改革事業は就任後《しゅうにんご》十年を過ぎてからであり、それまでは忍《にん》の一字《いちじ》の雌伏《しふく》(しのびかがんでいること)の時代が続いた。

聖徳太子の内政《ないせい》改革の第一が就任《しゅうにん》十一年目の冠位十二階《かんいじゅうにかい》の制定《せいてい》である。三十一歳の時である。冠位とは朝廷《ちょうてい》に仕《つか》える官吏《かんり》の位《くらい》を冠《かんむり》(色によって分けた)により表《ひょう》示《じ》する制度である。それまでわが国には長い間、姓《かばね》の制度があり、臣《おみ》・連《むらじ》・宿《すく》禰《ね》・造《みやつこ》・君《きみ》・直《あたい》・首《おびと》など数十種があった。臣と連が最高位で、中でも大臣《おおおみ》と大《おお》連《むらじ》が朝政《ちょうせい》(朝廷の政治)の中枢《ちゅうすう》(中心)に位置した。こうした姓《かばね》を持つ氏《うじ》を基礎《きそ》とする大和朝廷《やまとちょうてい》の組織を氏姓制度《しせいせいど》とよんだ。

姓は世襲《せしゅう》であったが、冠位はそうではなく個々の官吏《かんり》の人物・能力によって与えられるものであった。太子は世襲による氏姓制度改革の第一歩として、新たに冠位十二階を定めたのである。長らく氏姓制度の下《もと》に大臣《おおおみ》・大連《おおむらじ》らが朝廷の実《じっ》権《けん》を握《にぎ》り、ここ三十年間ほど蘇我《そが》が朝政を壟断《ろうだん》(ひとり占《じ》めにすること)してきた弊《へい》習《しゅう》(悪いならわし)を打破《だは》するため、従来《じゅうらい》の氏姓制度の位と関係なく、人格と才能と功績《こうせき》を本位《ほんい》としてすぐれた人物を抜擢《ばってき》(多くの人の中から引き抜いて重く用《もち》いること)したのが冠位十二階の制度であった。坂本太郎はこうのべている。

「官人《かんじん》としての個人の功過《こうか》（功績と過失《かしつ》）を取り上げて、個人の忠勤《ちゅうきん》（忠義《ちゅうぎ》をつくして勤《つと》めること）を励《はげ》まし、朝廷の秩序《ちつじょ》を正《ただ》す意味を持つ。またその栄誉《えいよ》を与える源《げん》泉《せん》（みなもと）としての天皇の尊貴《そんき》（尊いこと）を知らせることともなる」

この冠位は聖徳太子の推薦《すいせん》を経《へ》て推古《すいこ》天皇により授与《じゅよ》されるのである。氏姓制度の身分《みぶん》に関係なく、低い身分であっても人物本位《ほんい》で名誉《めいよ》ある地位につくことが出来るこの制度は、天皇と朝廷に忠勤せんとする官吏《かんり》にとり歓迎《かんげい》された。こうして太子は、天皇が官吏たちの栄誉《えいよ》の源泉《げんせん》となる道を開いたのである。

冠位の名称は、大徳《だいとく》・小徳《しょうとく》・大仁《だいじん》・小仁《しょうじん》・大礼《だいれい》・小礼《しょうれい》・大信《だいしん》・小信《しょうしん》・大義《だいぎ》・小義《しょうぎ》・大智《だいち》・小智《しょうち》であり、順位は大徳が第一位、以下、小智が十二位である。仁《じん》・義《ぎ》・礼《れい》・智《ち》・信《しん》は儒教《じゅきょう》において人間の守るべき五つの道（五常《ごじょう》といわれた）とされたが、太子はこれに徳を加え、徳を最も重視《じゅうし》したのである。冠の色は上から紫・青・赤・黄・白・黒をもってし位がわかるようにした。

なお太子は、冠位十二階を氏姓制度と並び行わせた。馬子《うまこ》の反発《はんぱつ》を避《さ》ける為である。馬子ら大臣・大連ら氏族の高位者《こういしゃ》は冠位十二階の対象外《たいしょうがい》であった。聖徳太子はこうしたすぐれた制度を立てて、蘇我馬子《そがのうまこ》の横暴《おうぼう》(道にはずれたわがまま勝手)を抑制《よくせい》(おさえること)、排除《はいじょ》(とり除くこと)することに心血《しんけつ》を注《そそ》いだのである。

憲法十七条
――後世の日本人に残した不滅の大法

聖徳太子は続いて翌年(推古天皇十二年)、憲法十七条を制定《せいてい》した。太子の新政において最も意義深《いぎぶか》く価値あるものであり、太子の皇国救済《こうこくきゅうさい》・再生《さいせい》の神願《しんがん》を文字に表したものであり、国家の根本原理《こんぽんげんり》、為政《いせい》の基本方針《きほんほうしん》を定め、官吏《かんり》の服務《ふくむ》心得《こころえ》を明確《めいかく》に打ち出したものであり、太子が後世《こうせい》に残した不滅《ふめつ》の大法《たいほう》であった。

憲法十七条の意義につき最も正しい見解《けんかい》を示したのは戦前の国史《こくし》学の大家《たいか》黒板勝美《くろいたかつみ》(東京帝国大学教授)であったが、その主要《しゅよう》なところを箇条書《かじょうがき》にしよう。

(1)肇国以来《ちょうこくいらい》の国体《こくたい》と皇祖皇宗《こうそこうそう》、歴代天皇《れきだいてんのう》の遺訓《いくん》(遺《のこ》した教え)を明《あき》らかにして典憲《てんけん》(根本の大法)を立てられたもの。

(2)蘇我《そが》の専横《せんおう》(ほしいままにふるまうこと)、不臣《ふしん》(臣下《しんか》の道を守らないこと)、暴虐《ぼうぎゃく》非道《ひどう》のため危殆《きたい》(あぶないこと)に瀕《ひん》し(さしせまること)ていた国体《こくたい》を救い出《だ》すことが制定の目的。

(3)一大閥族《いちだいばつぞく》(蘇我馬子)を前に控《ひか》えながらあえてこれを発布《はっぷ》した太子の大胆《だいたん》、熱烈《ねつれつ》そのものの姿勢《しせい》。その苦心《くしん》のいかに多大《ただい》であったことか。

(4)国体《こくたい》の権化《ごんげ》(神仏《しんぶつ》が衆生《しゅじょう》〈あらゆる人々〉を救う為に権《かり》に人に姿をかえてこの世に現われること)たる太子がその不滅《ふめつ》の聖訓《せいくん》(神聖な教訓《きょうくん》)と尊《とうと》き制法《せいほう》(のり、おきて)とを天下《てんか》に示し、後世《こうせい》の人々に遺《のこ》したもの。

(5)国体の危機《きき》が迫《せま》っていた未曾有《みぞう》の国難時《こくなんじ》において閥賊《ばつぞく》(蘇我)を倒《たお》して、皇室《こうしつ》を泰山《たいざん》の安きに置き(まったく安全にすること)永久《えいきゅう》に皇室と国家の基礎《きそ》を確《かく》立《りつ》する為に、むしろ根本的に純理《じゅんり》(仏教哲理《てつり》のこと)の上に立って制法《せいほう》することが緊要《きんよう》(きわめて大切なこと)であった。

(6)神祇《じんぎ》(神々)崇拝《すうはい》は既《すで》に永《なが》くわが民族信仰となっているゆえに新たに規定《きてい》する必要がなかった。

(7)断じて仏教に偏《へん》し(片よること)てわが国体を軽《かろ》んぜられたのではない。
(8)憲法十七条の大精神は最初の三ヵ条にある。
(9)この憲法の発布《はっぷ》がなかったら国民の自覚も起こらず、皇室に対する思想も盛んにならず、大化改新《たいかのかいしん》も困難であった。

この黒板《くろいた》の指摘《してき》こそ憲法十七条を理解する上に最良《さいりょう》の指針《ししん》(手引《てびき》、道しるべ)となる。次に全文を掲《かか》げる。

憲法十七条《いつくしきのりとおあまりななおち(けんぽうじゅうしちじょう)》

〈第一条〉一《ひとつ》に曰《いわ》く、和《やわら》ぐを以《も》て(〝和《わ》を以《もっ》て〟と訓《よ》んでもよい)貴《とうと》しと為《し》、忤《さか(う)》ふることなきを宗《むね》とせよ。人《ひと》みな党有《たむらあ》り。亦達《またさと》る者少《ものすくな》し。是《ここ》を以《も》て、或《あるい》は君父《きみかぞ》に順《したが(わ)》はず、また隣里《さととなり》に違《たが(う)》ふ。然《しか》れども上和《かみやわら》ぎ、下睦《しもむつ》びて、事《こと》を論《あげつ(う)》らふに諧《かな(う)》ふときは、事理《こと》自《おの(ず)》づから通《かよ(う)》ふ。何事《なにごと》か成《な》らざらむ《(ん)》。

忤う＝反《そむ》き逆《さか》らう。反抗《はんこう》する。　宗＝人の尊ぶべき根本精神　党＝党派、派閥《はばつ》。

達る者＝悟った人、覚者《かくしゃ》。　**君父**＝主君・天皇、父母。　**順う**＝従う　**隣里**＝近隣《きんりん》、周囲。　**諧う**＝調和する　**事理**＝物事の道理

【現代語訳】　和《やわらぎ(わ)》を最も貴重《きちょう》なものとし大切《たいせつ》にして、そむきさからうことがないようにすることを人の尊ぶ根本の精神としなければならない。人はみな仲間を集めて党派《とうは》をつくる。立派な人格者は少ない。それゆえ君主《くんしゅ》や父親に従わなかったり、近隣《きんりん》の人々ともうまくゆかない。しかし上に立つ者が和の心を持ち下の人々と睦《むつ》み合《あ》うならば、物事を論じ合ってもよく調和し道理《どうり》にかない、何事も成就《じょうじゅ》する。

〈第二条〉二《ふたつ》に曰《いわ》く、篤《あつ》く三宝《さんぼう》を敬《うやま》へ《(え)》。三宝《さんぼう》とは仏《ほとけ》・法《のり》・僧《ほうし》なり。則《すなわ》ち四生《よつのうまれ》の終帰《おわりのよりどころ》、万国《よろずのくに》の極宗《きわめのむね》なり。何《いず》れの世《よ》、何《いず》れの人《ひと》か、是《こ》の法《みのり》を貴《とうと》ばざらむ《(ん)》。人《ひと》はなはだ悪《あ》しきもの鮮《すくな》し。能《よ》く教《おし》ふ《(う)》るをもて従《したが》ふ《(う)》。それ三宝《さんぼう》に帰《よ》りまつらば、何《なに》をもてか枉《まが》れるを直《ただ》さむ《(ん)》。

篤く＝厚く　**四生**＝胎生《たいせい》・卵生《らんしょう》・湿生《しっしょう》・化生《けしょう》、全ての生物。　**極宗**＝大本《おおもと》、根《こん》本《ぽん》。　**鮮し**＝少し　**枉れる**＝曲《まが》れる　**直さん**＝直す、正す。

【現代語訳】篤《あつ》く三宝《さんぼう》を敬《うやま》え。三宝とは仏《ほとけ》と仏法《ぶっぽう》(仏教)と僧侶《そうりょ》である。生きとし生けるものが最後に行きつくところであり、あらゆる国にとっての究極《きゅうきょく》の教えが仏教である。どの時代でもいかなる人でもこの仏教を尊ばない者はない。人間に悪い者は少ない。良く教えれば正道《せいどう》に従う。仏教に帰依《きえ》せずして、何をもって曲《まが》った心を正すことが出来ようか。

〈第三条〉三《みっ》に曰《いわ》く、詔《みことのり》を承《うけたまわ》りては必《かなら》ず謹《つつし》め。君《きみ》は天《あめ》なり。臣《やつこらま》は地《つち》なり。天《あめ》は覆《おお(い)》ひ、地《つち》は載《の》す。四時《よつのとき》順《したが(い)》ひ行《おこな(い)》ひて、万気《よろずのしるし》通《かよ(う)》ふことを得《う》。地、天《あめ》を覆《おお(わ)》はむ《(ん)》とするときは、壊《やぶ》るることを致《いた》さむ《(ん)》。是《ここ》を以《も》て君言《きみのたま(う)》ふときは臣《やつこらま》承《うけたまわ》る。上《かみ》行《おこな(う)》ふときは下靡《しもなび》く。故《かれ》、詔《みことのり》を承《うけたまわ》りては必《かなら》ず慎《つつし》め。謹《つつし》まずば自《おのず》から敗《やぶ》れなむ《(ん)》。

詔＝天皇の詔勅《しょうちょく》　**謹む**＝謹んでお受けする　**四時**＝春・夏・秋・冬。　**順行**＝順にめぐること　**万気**＝天地間の現象　**壊るる**＝破壊される　**承る**＝承知する　**靡く**＝従う　**故**＝それゆえ。こういうわけで。接続詞。　**敗れん**＝破滅する

【現代語訳】天皇の詔勅《しょうちょく》・命令が下されたならば必ず慎《つつし》み畏《かしこ》み拝受《はいじゅ》せよ。天皇は天なり。臣下《しんか》は地なり。天は地を覆《おお》い、地は天の中に存在している。それに

より春・夏・秋・冬が順調にめぐりゆき、万物が生きてゆくことが出来る。もし地が天を覆うことを望めば、全《すべ》てが破壊される。それゆえに天皇の詔勅・命令を受けたならば臣下は必ず謹んで従え。天皇が事を行う時、臣下は必ず従え。天皇の詔勅・命令に謹み畏み従わなければ、やがて国家は破滅するであろう。

〈第四条〉四《よつ》に曰《いわ》く、群卿《まえつきみたち》百寮《つかさつかさ》、礼《いやび》を以《も》て本《もと》とせよ。それ民《おおみたから》を治《おさ》むる本《もと》は、要《かなら》ず礼《いやび》にあり。上《かみ》礼《いやび》なきときは下斉《しもととの(お)》ほらず。下《しも》礼《いやび》無《な》きときは必《かなら》ず罪《つみ》有《あ》り。是《ここ》を以《も》て群臣《まえつきみたち》礼《いやび》有《あ》るときは位《くらい》の次《ついで》乱《みだ》れず。百姓《おおみたから》礼《いやび》有《あ》るときは、国家《あめのした》自《おのずか》ら治《おさ》まる。

群卿百寮＝朝廷の全臣下《ぜんしんか》　**礼**＝礼儀・礼節。　**民・百姓**＝人民・兆民を含めてみな「おおみたから」と訓《よ》む。国民。　**要ず**＝必ず　**斉ほらず**＝乱れる　**位の次**＝朝臣《ちょうしん》の位階《いかい》

【現代語訳】朝廷の全臣下は礼《れい》(礼儀《れいぎ》・礼節《れいせつ》)を基本とせよ。民(おおみたから)を治める根本は必ず礼にある。上に立つ者が礼にかなっていない時、下の者の秩《ちつ》序《じょ》は乱れる。下の者が礼を失えば必ず罪を犯す者が出て来る。それゆえに臣下《しんか》

に礼があるならば、国家社会の秩序が乱れず、百姓（おおみたから）に礼があれば国家は自然によく治まる。

〈第五条〉五《いつつ》に曰《いわ》く、餮《あじわいのむさぼり》を絶《た》ち、欲《たからのほしみする》ことを棄《す》てて、明《あき》らかに訴訟《うたえ》を弁《さだ》めよ。それ百姓《おおみたから》の訟《うたえ》は、一日《ひとひ》に千事《ちわざ》あり。一日《ひとひ》すら尚爾《なおしか》るを、況《いわん》や歳《とし》を累《かさ》ねてをや。頃《このごろ》訟《うたえ》を治《おさ》むる者《ひとども》、利《くぼさ》を得《う》るを常《つね》とし、賄《まかない》を見《み》ては讞《ことわりもう》すを聴《き》く。便《すなわ》ち財《たから》有《あ》るものの訟《うたえ》は石をもて水に投ぐるが如《ごと》し。乏《とも》しき者《もの》の訟《うたえ》は水をもて石に投ぐるに似《に》たり。是《ここ》を以《も》て貧《まず》しき民《おおみたから》は所由《せんすべ》を知《し》らず。臣《やつこらま》の道亦《みちまた》ここに闕《か》けぬ。

餮＝酒や食べ物をむさぼること　**たからのほしみ**＝金や財産を欲しがること
訴訟＝裁判に訴えること　**弁めよ**＝正しく行うこと　**累ねる**＝年が過ぎること
利＝利益　**賄**＝賄賂　**讞**＝訴え　**闕けぬ**＝失うこと

【現代語訳】役人は訴訟《そしょう》・裁判において、決して饗応《きょうおう》（酒食を出してもてなすこと）や賄賂《わいろ》（不正の目的で他人に金や品物を贈ること、そでの下）を受けずに公正に裁《さば》け。人々の訴えは一日に千件もある。年を重ねたならどれほど多いことか。この頃、訴訟にたずさわる者は、賄賂が当たり前となり、賄賂を受けてから申し立てを聴く有様《ありさま》だ。財力ある者の訴えは石を水中に投げ込むように容易《ようい》に受け入れられるが、貧しい者の訴えは水を石に投げ込むようなもので聞き入れられない。そのため貧しき民は途方《とほう》にくれる。それはまさに役人の道に全《まった》く反《はん》することだ。

〈第六条〉六《むつ》に曰《いわ》く、悪《あしきこと》を懲《こ》らし善《ほまれ》を勧《すす》むるは古《いにしえ》の良典《よきのり》なり。是《ここ》を以《も》て人の善《ほまれ》を匿《かく》すことなく、悪《あしきこと》を見ては必ず匡《ただ》せ。それ諂《へつら(い)》ひ欺《あざむ》く者《もの》は国家《あめのした》を覆《くつが》えす利器《ときうつわもの》なり。人民《おおみたから》を絶《た》つ鋒剣《ときつるぎ》なり。亦佞《またかだ》み媚《こ》ぶる者《もの》は、上《かみ》に対《むか(い)》ひては好《この》みて下《しも》の過《あやまち》を説《と》き、下《しも》に逢《あ(い)》ひては上《かみ》の失《あやまち》を誹謗《そし》る。それ如此《これら》の人《ひと》は皆君《みなきみ》に忠《いさおし》なく、民《おおみたから》に仁《めぐみ》なし。これ大《おお》きなる乱《みだれ》の本《もと》なり。

良典＝りっぱな教え、おきて。　**匡せ**＝正せ　**利器**＝鋭い武器　**鋒剣**＝鋭い刀剣　**佞み媚ぶる**＝おもねりへつらうこと　**失**＝過ち

【現代語訳】悪を懲《こ》らしめ、善を勧《すす》めることは古《ふる》くからの貴《とうと》い教えである。それゆえに人の良い行いは隠すことなく明らかにし、悪事を見たならば必ず正さなければならない。人にこびへつらい人を騙《だま》し欺《あざむ》く者は、国家を転覆《てんぷく》する恐ろ

しい武器であり、人民を滅ぼす鋭い剣である。またおもねりへつらう者は、上位の者に好んで下の者のあやまちを告げ、下の者に向っては上の者のあやまちを非難《ひなん》する。これらの者はみな天皇に忠義心《ちゅうぎしん》がなく、民に対する仁愛《じんあい》の心がない。これは国家の大乱《たいらん》の本《もと》となることである。

〈第七条〉七《ななつ》に曰《いわ》く、人《ひと》おのおの任《よさし》あり。掌《つかさど》ること濫《みだ》れざるべし。それ賢哲《さかしひと》、官《つかさ》に任《よさ》すときは、頌音《ほむるこえ》則《すなわ》ち起《おこ》る。奸者《かだましきひと》、官《つかさ》を有《たも》つときは、禍乱《わざわいみだれ》則《すなわ》ち繁《しげ》し。世《よ》に生《うま》れながら知《し》る人少《すくな》し。剋《よ》く念《おも》ひ《(い)》て聖《ひじり》と作《な》る。事《こと》に大《おお》きなり少《いささけ》き無く、人を得《え》て必ず治《おさ》まらむ《(ん)》。時《とき》に急《と》き緩《おそき》ことなし。賢《さかしひと》に遇《あ》ひ《(い)》ておのづ《(ず)》からに寛《ゆるやか》なり。此《これ》に因《よ》りて国家《あめのした》永久《とこめずら》にして社稷《くに》危《あやう》からず。故《かれ》、古《いにしえ》の聖王《ひじりのきみ》、官《つかさ》のために人《ひと》を求《もと》めて、人《ひと》のために官《つかさ》を求《もと》めず。

任＝任務　**掌る**＝担当する　**濫れざる**＝乱れない　**賢哲**＝とてもすぐれた人物　**頌音**＝ほめたたえる声　**奸者**＝心がねじ曲がった悪人　**禍乱**＝禍い、世の乱れ。　**剋く**＝つとめること　**急緩**＝一大事の時と平穏の時　**賢**＝賢者　**遇い**＝会い　**寛か**＝平安なこと　**社稷**＝国家　**古の聖王**＝昔の神聖な王

【現代語訳】人にはそれぞれの任務《にんむ》があり、任務を忠実《ちゅうじつ》に実行してその権限《けんげん》を乱用《らんよう》してはならない。賢明《けんめい》な人物が任《にん》にある時はたたえる声が起こる。心がねじ曲《まが》った悪人が任につけば禍《わざわ》い、災難《さいなん》が絶えない。世の中には生まれながら何《なん》でも知っている人は少ない。立派な人間はよく努力し初めて聖人《せいじん》となる。事の大小にかかわらず、適任《てきにん》の人物が得られるならば必ずよく治まる。一大事の時、平穏《へいおん》の時にかかわらず、賢人《けんじん》が出て治めれば、平安な世の中になり、国家は永久に安泰《あんたい》で危《あや》ういことはない。それゆえ昔の聖王《せいおう》は官職《かんしょく》に適した人物を求め、ふさわしくない人物に官職を与えたりしなかった。

〈第八条〉八《やつ》に曰《いわ》く、群卿百寮《まえつきみたちつかさつかさ》、早《はや》く朝《まい》りて晏《おそ》く退《まか》でよ。公事《おおやけのわざ》いとなし。終日《ひねもす》に尽《つく》し難《がた》し。是《ここ》を以《も》て、遅《おそ》く朝《まい》るときは急《すむやけ》きに逮《およ》ばず。早《はや》く退《まか》ずるときは必《かなら》ず事《わざ》尽《つ》くさず。

晏く＝遅く　**公事**＝公の仕事、政治。　**いとなし**＝いとまがない　**逮ばず**＝及ばず

【現代語訳】全ての役人は、朝早く出仕《しゅっし》し、遅く退出《たいしゅつ》せよ。公《おおやけ》の仕事はいと

まがないものだ。一日中務《つと》めてもすべて終えることが難《むつか》しい。そのため朝遅れて出勤したのでは緊急《きんきゅう》の用に間に合わないし、早く退出したのでは必ず仕事を残してしまう。

〈第九条〉九《ここのつ》に曰《いわ》く、信《まこと》はこれ義《ことわり》の本《もと》なり。事毎《ことごと》に信有《まことあ》るべし。それ善悪成《よきあしきなり》敗《ならぬこと》、要《かなら》ず信《まこと》に在《あ》り。群臣共《まえつきみたちとも》に信《まこと》あらば、何事《なにごと》か成《な》らざらむ《(ん)》。群臣信《まえつきみたちまこと》なきときは、万事悉《よろずのわざことごと》く敗《やぶ》れむ《(ん)》。

信＝まこと、真心。**義**＝道義、正義。**成敗**＝成功と失敗

【現代語訳】信《まこと》(誠、真心)は人の踏《ふ》み行う正しき道、義《ぎ》(道義《どうぎ》、道理《どうり》)の根本である。善と悪、成功と失敗はすべて信のあるなしにかかっている。役人に信がなければことごとく失敗するであろう。

〈第十条〉十《とお》に曰《いわ》く、忿《こころのいかり》を絶《た》ち、瞋《おもえりのいかり》を棄《す》て、人の違《たが》ふ《(う)》ことを怒《いか》らざれ。人《ひと》みな心有《こころあ》り。心各執《こころおのおのと》れるところ有《あ》り。彼《かれ》、是《よみ》すれば我《われ》は非《あしみ》す。我《われ》、是《よみ》すれば、彼《かれ》は非《あしみ》す。我《われ》、必《かなら》ずしも聖《ひじり》に非《あら》ず。彼《かれ》、必《かなら》ずしも愚《おろか》に非《あら》ず。共《とも》にこれ凡夫《ただひと》ならくのみ。是非《よくあしき》の理《ことわり》、詎《た》れかよく定《さだ》むべけむ《(ん)》。相共《あいとも》に賢《かしこ》く愚《おろか》なること、鐶《みみがね》の

端《はし》なきがごとし。是《こ》を以《も》て、彼人《かれひと》瞋《いか》ると雖《いえど》も還《かえ》りて我《わ》が失《あやまち》を恐《おそ》れよ。我独《われひと》り得《え》たりと雖《いえど》も、衆《もろびと》に従《したが(い)》ひて同《おな》じく挙《おこな(え)》へ。

忿＝心の怒り　**瞋**＝面上《めんじょう》にあらわれた怒り　**凡夫**＝凡人、ふつうの人。**詎れ**＝誰　**鐶**＝金の輪、車の輪。　**挙え**＝行なえ

【現代語訳】心の怒りをなくし憤《いきどお》りの表情を棄《す》て、他人が自分の思いや行いと違っても怒ってはならない。人それぞれに心があり考えがある。相手がよいと思っても自分はそう思わず、自分がよしとしても相手は良くないと思う。自分は必ず聖人で、相手が必ず愚かだというわけではない。みなともに凡人《ぼんじん》なのだ。よいとか悪いとか一体誰が定め得《う》るのだろう。互いに賢くもあり愚かでもあり、それは金《きん》の耳輪《みみわ》には端《はし》がないようなものだ。それゆえ相手が怒ったならば、自分にあやまちがあるのではないかと恐れよ。自分は間違いなしと思っても、全体の意に従って行動せよ。

〈第十一条〉十一《とおあまりひとつ》に曰《いわ》く、功過《いさみあやまり》を明《あきらか》に察《み》て、賞《たまいもの》し罰《つみな(う)》ふることを必《かなら》ず当《あ》てよ。日者《ひごろ》、賞《たまいもの》は功《いさみ》に在《お》きてせず、罰《つみなえ》は罪《つみ》に在《お》きてせず。事《こと》を執《と》れる群卿《まえつきみたち》、

賞《たまいもの》し罰《つみな（う）》ふることを明《あきら》むべし。

功過＝功績《こうせき》と過失《かしつ》　察て＝考察《こうさつ》して　賞罰＝賞讃《しょうさん》と処罰《しょばつ》

【現代語訳】役人たちの功績や過失を正しく判断して、賞《しょう》と罰《ばつ》を必ず正しく与えなければならない。近頃、褒賞《ほうしょう》は功績によらず、懲罰《ちょうばつ》は罪によらず行われている。政治をとる役人は賞罰を厳正《げんせい》に行わなければならない。

〈第十二条〉十二《とおあまりふたつ》に曰《いわ》く、国司《くにのみこともち》・国造《くにのみやつこ》、百姓《おおみたから》に斂《おさめと》らざれ。国《くに》に二《ふたり》の君《きみ》非《あら》ず。民《おおみたから》に両《ふたり》の主《あるじ》無《な》し。率土《くにのうち》の兆民《おおみたから》は、王《きみ》を以《も》て主《あるじ》とす。所任《よさせ》る官《つかさ》司《みこともち》は皆是王《みなこれきみ》の臣《やつこらま》なり。何《いか》にぞ敢《あ（え）》へて公《おおやけ》と百姓《おおみたから》に賦斂《おさめと》らむ《（ん）》。

国造＝大化改新以前の地方官、国の司《つかさ》。　斂めとる・賦斂る＝奪い取る　所任る＝任命された　官司＝官吏　率土＝国土　王臣＝天皇の臣

【現代語訳】国司《こくし》・国造《くにのみやつこ》は民《たみ》に過酷《かこく》な租税《そぜい》をかけたり、民から不正無法の搾《さく》取《しゅ》を絶対してはならない。国に二人の君主《くんしゅ》はなく、民に二人の主人はいない。国内すべての民にとり、天皇だけが主人である。天皇から任命されて政務《せいむ》をとる国司・国造はみな天皇の臣下《しんか》である。どうして臣下の者が定められた租税以

外に民から奪い取ることが許されるであろうか。

〈第十三条〉十三《とうあまりみつ》に曰《いわ》く、諸《もろもろ》の官《つかさ》に任《よさ》せる者《ひと》、同《おな》じく職掌《つかさこと》を知《し》れ。或《ある》いは病《やまい》し或《あるい》は使《つかい》として、事《こと》を闕《おこた》ること有《あ》り。然《しか》れども知《し》ることを得《う》る日《ひ》には、和《あまな》ふ《(う)》こと曾《むかし》より識《し》れる如《ごと》くにせよ。それ与《あずか》り聞《き》かずといふ《(う)》を以《も》て、公《おおやけ》の務《まつりごと》をな防《さまた》げそ。

職掌＝職務　**闕る**＝怠る　**和う**＝やわらぎ和する。調和する。　**曾より**＝以前から　**な…そ**＝してはならぬ

【現代語訳】朝廷の官職《かんしょく》に任命された者は自分の職務《しょくむ》のみならず他の役人の仕事についてもよく理解しておくよう心がけておかねばならない。病気や出張《しゅっちょう》のため仕事ができない場合、その職務を代わりにしなければならないこともある。お互い仕事をよく知っておくなら少しもさしさわりなくうまくゆく。担当者《たんとうしゃ》不在のため私は知らないなどと言って公の大切な務《つとめ》を停滞《ていたい》させてはならない。

〈第十四条〉十四《とおあまりよつ》に曰《いわ》く、群臣《まえつきみたち》百寮《つかさつかさ》、嫉《うらや》み妬《ねた》むこと有《あ》ることなかれ。我《われ》既《すで》に人《ひと》を嫉《うらや》むときは、人亦我《ひとまたわれ》を嫉《うらや》む。嫉《うらや》み妬《ねた》む患《うれえ》、その極《きわまり》を知《し》らず。所以《このゆえ》に、智《さとり》、己《おの》れに勝《まさ》るときは悦《よろこ》ばず。才《かど》、己《おの》れに優《まさ》るときは嫉妬《ねた》む。是《ここ》を以《も》て五百《いおとせ》にし

て乃今《いましいま》、賢《さかしひと》に遇《あ(う)》ふ、千載《ちとせ》にして一《ひとつ》の聖《ひじり》を待《ま》つこと難《かた》し。それ賢聖《さかしひとひじり》を得《え》ずは何《なに》を以《も》てか国《くに》を治《おさ》めむ《(ん)》。

嫉み妬む＝他人をうらやみ憎《にく》むこと。嫉妬《しっと》。　**患え**＝病い　**乃今**＝ちょうど今
千載＝千年　**賢聖**＝賢人・聖者

【現代語訳】役人たちは、嫉妬《しっと》の気持ちを抱《いだ》いてはならない。自分が人に嫉妬すれば、人もまた自分に嫉妬するものだ。嫉妬の憂いは限りがない。それゆえ自分より才知《さいち》がすぐれている人がいると悦ばず嫉妬する。それゆえ五百年たっても賢者《けんじゃ》に会うことが出来ず、千年にして一人の聖人《せいじん》が出ることを期待することは困難である。賢人聖者を得ずして何をもって国を治めることが出来ようか。

〈第十五条〉十五《とおあまりいつつ》に曰《いわ》く、私《わたくし》に背《そむ》きて公《おおやけ》に向《ゆ》くは是臣《これやつこらま》が道《みち》なり。凡《すべ》て人《ひと》私《わたくし》有《あ》るときは必《かなら》ず恨《うら》み有《あ》り。憾《うら》み有《あ》るときは必《かなら》ず同《ととのお》らず。同《おなじか》らざるときは私《わたくし》を以《も》て公《おおやけ》を妨《さまた》ぐ。憾起《うらみおこ》るときは制《ことわり》に違《たが(い)》ひ法《のり》を害《やぶ》る。故《かれ》、初《はじめ》の章《くだり》に言《い(え)》へらく、上下《かみしも》和《あまな(い)》ひ諧《ととのお》れと言《い(え)》へるは、それ亦是《またこ》の情《こころ》なるかな。

私を背き公に向う＝私利私欲にふけらず天皇、国、世のため人のために尽くすこ

と。　**憾み**＝恨み　**同らず**＝同じにならない、一体にならない。　**制**＝規則

和い諧れ＝和合、調和せよ。

【現代語訳】私心を捨てて公《おおやけ》（国家、天皇のこと）に専念《せんねん》することこそ臣下《しんか》・役人の道である。およそ人に私心があるとき必ず他の人に恨《うら》みの心がおきる。恨みがあれば、必ず不和が生じ一体とならず、公に尽くすことが出来ない。恨みの心が起こる時は、制度や法が破れてしまう。それゆえ初めの章に「上下《かみしも》和《あまな》ひ諧《ととのお》れ（和《やわら》ぎ睦《むつ》ぶこと）」と定めたのである。

〈第十六条〉十六《とおあまりむつ》に曰《いわ》く、民《おおみたから》を使《つか(う)》ふに時《とき》を以《も》てするは古《いにしえ》の良《よ》き典《のり》なり。故《かれ》、冬《ふゆ》の月《つき》に間有《いとまあ》らば、以《も》て民《おおみたから》を使《つか(う)》ふべし。春《はる》より秋《あき》に至《いた》るまでは、農《なりわい》、桑《こかい》の節《とき》なり。民《おおみたから》を使《つか(う)》ふべからず。それ農《なりわい》せずば何《なに》をか食《くら(わ)(ん)》はむ。桑《こかい》せずば何《なに》をか服《き(ん)》む。

農＝田を作り、米を作ること。　**桑**＝桑を植え蚕《かいこ》を養い絹織物をつくること　**服む**＝着る

【現代語訳】民を使役《しえき》するには時期をよく考えて行うことである。これは昔からの良き教えである。冬季は農民に仕事があまりないから、このいとまのある

時に民を使うべきだ。春から秋までは、農作《のうさく》や養蚕《ようさん》など忙しい時期だから使ってはならない。農民が農作をしなければ何を食べてよいのか。養蚕をしなければ何を着ればよいのか。

〈**第十七条**〉十七《とおあまりななつ》に曰《いわ》く、それ事《こと》は独《ひと》り断《さだ》むべからず。必《かなら》ず衆《もろもろ》と論《あげつら(う)》ふべし。少《いささけ》き事《こと》は是軽《これかろ》し。必《かなら》ずしも衆《もろもろ》とすべからず。唯《ただ》、大《おお》きなる事《こと》を論《あげつら(う)》ふに逮《およ》びては若《も》しくは失有《あやまりあ》ることを疑《うたが(う)》ふ。故《かれ》、衆《もろもろ》と相弁《あいわきま(う)》ふるときは、辞則《ことすなわ》ち理《ことわり》を得《う》。

論う＝論議する　相弁う＝たがいに議論する　辞＝事柄　理＝ことわり、道理。

【現代語訳】物事《ものごと》は一人で判断《はんだん》してはならない。必ずみんなで論議《ろんぎ》して判断すべきである。ただし小事、ささいなことは軽いことなので、必ずしもみんなで論議しなくてもよい。ただ国家の重大な事柄《ことがら》の場合、独断《どくだん》ではあやまちが生《しょう》ずる恐れがあるから、みんなで論議すれば道理《どうり》にかなう結論が得《え》られるだろう。

「和」の精神
――大和《やまと》の国の心・むすびの心・神《かん》ながらの心

「和《やわらぎ(わ)》を以《も(もっ)》て貴《とうと》しと為《な》す」の第一条はあまりにも有名であり、知らない日本人はいない。憲法始め重要な掟《おきて》・規則などは最初に最も大切なことを宣言するのが常《つね》である。憲法十七条の第一条は、聖徳太子が全ての日本人に発した大宣言であり、日本人の魂の奥底に鳴りわたり響きわたる言霊《ことだま》（言葉に宿る神霊《しんれい》。言葉は霊魂《みたま》であること）であった。

第一条の思想の背景《はいけい》にあるものを、ある人は仏教としある人は儒教《じゅきょう》とするがそれは間違いである。仏教でも儒教でもなく純然《じゅんぜん》たる日本本来の精神、思想であり、神道的心性《しんとうてきしんせい》そのものである。神という言葉こそ使ってはいないが、「和《わ》」の心は言いかえると「神《かん》ながらの心（神そのものの心）」である。

日本民族は「和」を何よりも尊重《そんちょう》し大切にしてきた。日本人の心は「和魂（にぎみたま・わこん）」「大和魂《やまとだましい》」「大和心《やまとごころ》」とよばれてきた。この「和」「大和《だいわ》」の精神をもとに「大和（やまと）の国」を建てて今日《こんにち》まで護持《ごじ》してきた民族であった。和の反対は争いであり対立であり憎悪《ぞうお》である。世界の歴史においてわが国ほど対立・戦争が少なく和・平和が長らく保《たも》たれてきた国はない。

「和」は、当時の人々は「やわらぎ」「やわらぐ」とよんだ。人々の心がやわらぎ睦《むつ》み合《あ》い結び合う「和」の家庭、社会、共同体、国家を理想とすることにおいて日本人以上の民族はほかになかった。

憲法十七条は一方において蘇我馬子《そがのうまこ》を始めとする自己中心の閥族《ばつぞく》（派閥）を念頭《ねんとう》において制定《せいてい》されたものであるから、ここには当然、馬子に対する痛烈《つうれつ》な批判《ひはん》がこめられている。「和を以て貴《とうと》し」としない悪《あ》しき見本が馬子であった。「君父」に順《したが》わず、「忤《さか》らうことなきを宗《むね》」とせず、大逆《たいぎゃく》を犯《おか》したのが馬子であった。「上和《やわら》ぎ下睦び」を破壊したのが馬子であった。第一条を読んだ者は、自《おのずか》ら馬子の悪逆無道《あくぎゃくむどう》を思わずにはおられなかったのである。馬子は当然、第一条は自分に突きつけられた鋭い刃《やいば》と感じたであろう。

聖徳太子は言葉こそ柔らかだが、この第一条において真向《まっこう》から蘇我馬子の大《たい》逆《ぎゃく》と非道《ひどう》に対して、法の名においてその許されざる罪過《ざいか》を糾弾《きゅうだん》（罪状《ざいじょう》を問いただして非難《ひなん》すること）し鉄槌《てっつい》を下した（厳しく処罰《しょばつ》すること）のである。太子は比類なき大勇《たいゆう》の人だったのである。

これまで日本人は太子の「和を以て貴しと為す」をごく当たり前の日本人の基本的精神と思い、その至高《しこう》の精神的思想的価値につき深く考えてはこなかった。しかしこの「和」の価値に着目《ちゃくもく》し、「和」こそ日本独自《どくじ》の伝統、精神文化であり、世界人類の至宝《しほう》と評価する外国人がいた。それがイギリス人ヘンリー・ストークスであった。彼は英国人記者として在日《ざいにち》五十余年に及んだがこうのべている。

「世界で他《た》にまったく見られない日本の素晴らしい長所を挙《あ》げれば、何といっても人々の間の『和』である。この人々の間の『和』はこの広い世界の中で日本にしか存在していない。このような『和』による社会は、中国にも東南アジア、インド、中東、アフリカからヨーロッパにいたるまでどこにも存在してこなかった。

東北大震災の時に、東北の被災者《ひさいしゃ》が礼節《れいせつ》を守って互いに譲《ゆず》り合った姿は、全世界の人々を驚嘆《きょうたん》させた。アメリカでもヨーロッパでも他のアジアの国々でも、大きな天災《てんさい》に見舞《みま》われた場合には、被災者の多くが暴徒化《ぼうとか》して商店や住居などの掠奪《りゃくだつ》に走るものだ。あの東北の人々の気高《けだか》い姿こそ、日本人が『和の民族』であることを世界に示したのであった。日本は、日本人にとってだけの宝ではない。私は日本人が紡《つむ》いできた（培《つちか》い養《やしな》い受け継いできたこと）『和の心』の精神文化が、人類にとっての大きな財産と信じている」

「和の心」の価値をこれほど高く評価し絶讃《ぜっさん》する外国人が現われたのである。私たちはあまりにも「燈台下暗《とうだいもとぐら》し（自分のもつ素晴らしい宝に気づかないこと）」であった。聖徳太子が日本人の根本の心「和の心」を明らかにして、それが千四百年間連綿《れんめん》として今日まで立派《りっぱ》に受け継《つ》がれてきたのである。太子がいかに偉大であったか、その偉大さをこれまで外国人にかくの如《ごと》く指摘《してき》されるまで深く思い知ることが出来なかったのである。

第二条になぜ仏教が出てくるのか

――わが国体を説き明かす仏教哲理《てつり》

憲法十七条を読むとき、第二条になぜ仏教が突然《とつぜん》出てくるのか違和感《いわかん》（ぴったたりとしないこと)を覚《おぼ》える人があろう。「和」の精神を最も大切にする聖徳太子が国家の根本法《こんぽんほう》の中に、なにゆえ異国《いこく》の宗教を持ち出したのであろうか。そこには深い理由があったことを知らねばならない。

帰化人《きかじん》の手によりシナの思想と文化がもたらされた結果、わが国民思想が汚染《おせん》され、国民思想の外国化という憂うべき弊害《へいがい》(悪いこと、害になること)が起こったことは既述《きじゅつ》した。その上に六世紀前半、仏教が伝来《でんらい》したことにより従来《じゅうらい》の神祇《じんぎ》の信仰《しんこう》(神道《しんとう》の信仰)との間に摩擦《まさつ》が生じ、国民の信仰が動揺《どうよう》して精神的不安の状態が数十年間続いた。しかし推古《すいこ》二年(五九四)「三宝《さんぽう》(仏・法・僧を言う。仏教のこと)興隆《こうりゅう》の詔《みことのり》」が出されて、仏教はここに正式に採用《さいよう》された。

だがそれまで仏教の教えにつき経典《きょうてん》に基《もと》づきまともに研究した人物はいなかったのである。崇仏《すうぶつ》派《は》の馬子《うまこ》始め誰一人経典を読みもせず、ろくろく教義《きょうぎ》も知らずに仏教奨励《しょうれい》に熱《ねつ》を上《あ》げていたのである。そこで聖徳太子は高句麗《こうくり》から来た仏《ぶっ》僧慧慈《そうえじ》を師として、経典に基づき仏教哲理《てつり》(教義)の研究に十年間以上全力で打ちこんだのである。仏教の教義を知らずして賛成も反対もないからである。ここが太子のとび抜けて偉いところである。太子はこの異国の宗教をわが国が本当に受《じゅ》容《よう》してよいのか否《いな》かについて真剣に学び考え抜くのである。何事も根本から徹底的に究《きわ》めるのが太子の際立《きわだ》った性格であった。果《はた》して仏教は天皇を戴《いただ》くわが国体《こくたい》に調和《ちょうわ》し、わが神祇崇拝《じんぎすうはい》の信仰に矛盾《むじゅん》せず、「和」の精神にもとづくわが国民性に融合《ゆうごう》し得《う》るかいなかこそ、太子が研究、考察《こうさつ》し抜いた核心《かくしん》（根本）であった。

太子は『日本書紀』に記す通り、天性《てんせい》の聡明《そうめい》さを持つ天才中の天才であった。仏教始め儒教、老荘《ろうそう》（老子《ろうし》・荘子《そうし》）、シナ歴史、天文《てんもん》地理等ことごとくに通暁《つうぎょう》（深く知り抜くこと）し、その学問思想は該博《がいはく》（学識《がくしき》が広大なこと）にして深遠《しんえん》（深くはかりしれないこと）であり、加えて玲瓏《れいろう》（美しく光り輝くさま）玉のごとき人格をあわせ持っていた。それは仏教と学問の師であった慧慈《えじ》や覚哿《かくか》が常々《つねづね》驚嘆《きょうたん》してやまぬところであった。

その結果、太子は仏教の真髄《しんずい》を明確《めいかく》に把握《はあく》して、仏教がわが国体《こくたい》、神祇崇拝《じんぎすうはい》、国民性《こくみんせい》に少しも違背《いはい》（違《たが》うこと、背《そむ》くこと）するものではなく、宇宙の真理、天地の公理《こうり》、自然の道理《どうり》・哲理《てつり》の上から見て、わが万世一系《ばんせいいっけい》の天皇を戴《いただ》く国体の尊厳《そんげん》性《せい》を見事《みごと》に傍証《ぼうしょう》（間接的な証明《かんせつてき》）するに足《た》るものとの強い確信《かくしん》を得《う》るのである。当時、研究した経典中、太子が最もすぐれたものとしたのが法華経《ほけきょう》である。法華経は膨大《ぼうだい》な経典中、釈迦《しゃか》が最後に説いた最勝《さいしょう》（最もすぐれていること）第一とされたものである（『日本の偉人物語8』の空海《くうかい》のところでのべた『大日経《だいにちきょう》』はまだわが国には伝えられていない）。

では法華経の教え（教義《きょうぎ》）の中心は何か。その第一は、仏《ほとけ》（如来《にょらい》ともいう）の「常《じょう》住不滅《じゅうふめつ》（永遠に存在し滅することがないこと）」ということである。第二は、「人間は仏《ほとけ》の子であり、仏のもと一切《いっさい》の人間は平等」ということである。空海のところでのべたように、仏・如来（大日如来《だいにちにょらい》ともいう）は、日本的、神道《しんとう》的に言うならば「天之御中主神《あまのみなかぬしのかみ》」「天照大御神《あまてらすおおみかみ》」である。従って仏・如来の「常住不滅」とは、天照大御神の子孫たる天皇と皇国日本の「天壌無窮《てんじょうむきゅう》（天皇国日本は天地とともに窮《きわま》り無《な》く、永遠不滅の存在であること）」を意味している。つまり皇国日本の「天壌無窮」は、当時仏教最高の経典とされた法華経の説く仏（如来）の「常住不滅」の真理をこの世に実現したものにほかならなかったのである。そのような国は日本のほかにはなかった。日本国体が仏教経典の証明する真理の顕現《けんげん》（あらわれ）であることを知り得たときの太子の驚きと悦びは、いかに大きかったことであろう。

天壌無窮の神勅《しんちょく》（天照大御神《あまてらすおおみかみ》が地上に降臨《こうりん》する皇孫《すめみま》、瓊瓊杵尊《ににぎのみこと》に下された神勅）

豊葦原千五百秋之瑞穂国《とよあしはらのちいほあきのみずほのくに》は是《こ》れ吾《あ》が子孫《うみのこ》の王《きみ》たる可《べ》き地《くに》なり。宜《よろ》しく爾皇孫《いましすめみま》就《ゆ》きて治《しら》せ。行矣《さきくませ》。宝祚《あまつひつぎ》の隆《さか》えまさむ《（ん）》こと当《まさ》に天壌《あめつち》と窮《きわま》り無《な》かるべし。

就きて＝行きて　**行矣**＝幸くませ　**宝祚**＝天皇、皇位。　**天壌**＝天地

【現代語訳】 豊葦原千五百秋之瑞穂国すなわち日本の国は、天照大御神の皇《こう》孫《そん》である瓊瓊杵尊が知ろしめす（統治《とうち》する）国である。皇孫よ、そこに行きて統治せよ。幸せであれ。日本国家は天照大御神の子孫である天皇が天地とともに永遠に窮り無く統治する国であるとの意味。

「人間は仏の子であり、仏のもと一切《いっさい》の人間の平等」という教えも、わが国体本来の姿に合致《がっち》するものであった。天皇は全ての国民を「大御宝《おおみたから》（国民はこの上なき

大切な尊い宝玉《ほうぎょく》）」として、まさにわが子としていつくしまれみな平等に「一視《いっし》同仁《どうじん》」せられ分《わ》け隔《へだ》てなく慈愛《じあい》を施《ほどこ》されてきたのが、皇国日本の真《しん》の姿であった（憲法十七条において太子が国民を「民・百姓・人民・兆民〈おおみたから〉」とよんだことを想うべし）。法華経の説く、仏の「常住不滅」「仏の子として仏のもと一切の人間の平等」という真《しん》の「仏国土《ぶっこくど》」こそ、実《じつ》に天皇国日本であったのである。何《なん》と素晴らしいことであろう。

このようにわが国体《こくたい》の尊厳《そんげん》（尊くおごそかなこと）は、天地《てんち》の公理《こうり》、普遍的《ふへんてき》な「万《よろず》の国《くに》の極宗《きわめのむね》」とされる仏教の教義・哲理《てつり》によりますます尊厳が加えられ光輝《こうき》さが増すと深く理解されたからこそ、太子は第二条において仏教を敬《うやま》うことを奨励《しょうれい》されたのである。皇室に弓を引き忠誠を拒《こば》む蘇我馬子《そがのうまこ》に対して、「汝《なんじ》の信仰する仏教の真髄《しんずい》はこうだよ。日本国体を讃嘆《さんたん》しているのだよ。汝が本当の仏教信者ならこれまでの心を入れかえて、『万の国の極宗《きわめのむね》』に従い、仏の顕現《けんげん》である天皇に忠誠《ちゅうせい》を尽くすべし」と教えたのであった。しかしそれがわかる心と頭を馬子は持っていなかったのである。

太子は法華経《ほけきょう》の注釈《ちゅうしゃく》までなされた。それが『法華義疏《ほっけぎしょ》』（義疏とは正しい注釈）で、千四百年前の太子の真筆本《しんぴつぼん》が皇室の御物《ぎょぶつ》（皇室の所蔵品《しょぞうひん》）として国宝として今日まで伝えられてきたのは稀有《けう》のことである。わが国最古の書である。太子はほかに維摩経《ゆいまぎょう》の注釈書『維摩経義疏』と勝鬘経《しょうまんぎょう》の注釈書『勝鬘経義疏』をも著《あらわ》された。合わせて『三経義疏《さんぎょうぎしょ》』とよばれた。維摩経は「在家成仏《ざいけじょうぶつ》（出家《しゅっけ》せずして仏に成ること）」の道を説き、勝鬘経は「女人成仏《にょにんじょうぶつ》（インドにおいて女性は成仏しがたいとされたがこのお経は女性も成仏しうると説く）」を説いた。太子は法華経や勝鬘経を推古《すいこ》天皇にご進講《しんこう》したが、天皇は深く喜ばれた。勝鬘経に目を注《そそ》ぎ注釈書まで記したことは、太子の女性に対する理解と慈愛の篤《あつ》さが並々ではなかったことを示している。

聖徳太子　二王子像

出典：ColBase（htpp://colbase.nich.go.jp/）

このようにして聖徳太子は日本人の忠君《ちゅうくん》愛国の精神を強固不動《きょうこふどう》のものとする

為に、仏教を活用《かつよう》したのである。仏教は聖徳太子により最初から「国家仏教《こっかぶっきょう》」として受容《じゅよう》され、わが国体《こくたい》、神祇信仰《じんぎしんこう》、国民性《こくみんせい》と調和融合《ちょうわゆうごう》する日本的な仏教として出発したのである。日本仏教の礎《いしずえ》を定めた人物こそ実《じつ》に聖徳太子であった。

皇国日本の根本を示した第三条――「詔《みことのり》を承《うけたまわ》りては必ず謹《つつし》め」

第三条は、皇国《こうこく》日本の本質と国家の秩序《ちつじょ》の根本をさし示したものであり、本条こそ憲法十七条最大の眼目《がんもく》であり、第一条と第二条はその前提《ぜんてい》（物事をなす上にその基礎となるもの）であった。

わが国は神武《じんむ》天皇の建国以来、天皇を国家の中心に戴《いただ》き「万世一系《ばんせいいっけい》」の皇統《こうとう》を堅持《けんじ》してきた国家であり、それは日本が天地とともにある限り唯一無二《ゆいいつむに》の絶対の原則《げんそく》・鉄則《てっそく》であり、永久変らざる国家の大法《たいほう》である。仏教的にいうなら「常住《じょうじゅう》不滅《ふめつ》」の真理である。太子は憲法十七条において、皇国日本の不滅かつ根本の大法を改めて確認《かくにん》されたのである。

「詔《みことのり》を承《うけたまわ》りては必《かなら》ず謹《つつし》め」とは、ひとたび天皇の詔が下《くだ》されたならば、朝臣《ちょうしん》および国民は必ず謹《つつし》み畏《かしこ》み従いなさいという意味である。天皇は「天」であり、朝臣・国民は「地」であり、それは天地、自然の不動《ふどう》の正しい秩序《ちつじょ》であり永遠に変ることはない。この天地の秩序に則《のっと》った（模範《もはん》として従うこと）皇国《こうこく》日本の在《あ》り方を少しも尊重せず、専横《せんおう》、驕慢《きょうまん》、無道《むどう》の限りを尽くして遂《つい》に崇峻《すしゅん》天皇を弑逆《しいぎゃく》した天地《てんち》容《い》れざる朝敵《ちょうてき》・国賊《こくぞく》・大罪人が蘇我馬子《そがのうまこ》であった。太子は馬子をいましめる為にこの第三条を掲《かか》げ、「詔を承りては必ず謹め」の言葉を再度《さいど》記されたのである。

この第三条こそ実《じつ》に日本人の根本の道である「神道《しんとう》（神《かん》ながらの道）」そのものを指《さ》し示《しめ》すものにほかならない。神道の根本は何かと言えば天皇信仰であり、「詔を承りては必ず謹め」という言葉に尽きる。言葉を換《か》えて言えば、「君臣《くんしん》の大義《たいぎ》（日本国民として天皇に忠義《ちゅうぎ》、忠誠《ちゅうせい》を尽くすこと）」こそ神道の命、本質である。国民の立場から言うならば、神道とは天皇への忠誠としての臣下《しんか》の道である。ここに第一条、第二条、第三条が不可分一体《ふかぶんいったい》、三位《さんみ》一体の関係を有《ゆう》していることが明白である。太子は第三条の皇国日本の根本のあり方すなわち神道を明示《めいじ》する為に、先に第一条と第二条を掲げたのである。

従来《じゅうらい》、憲法十七条は、儒教的な治国平天下《ちこくへいてんか》（国を治め天下を平和にすること）の理想を示したものであり、儒教や仏教の教えはあるものの神道が抜け落ちているという非難《ひなん》があったが、それがいかに不当《ふとう》な的《まと》はずれの大間抜《おおまぬ》けの愚論《ぐろん》であるかを知らなければならない。聖徳太子は神という言葉こそ用《もち》いなかったが、神道に基《もと》づく日本国体の尊厳《そんげん》につき、かくも工夫《くふう》をこらして最初の三ヵ条において簡潔明《かんけつめい》瞭《りょう》に教え諭《さと》され、日本人として「万世一系《ばんせいいっけい》の天皇」を戴《いただ》く皇国日本の尊厳を深く自覚して「君臣の大義」に生きることが、すなわち「神《かん》ながらの道・神道《しんとう》」にほかならないことを示されたのである。

憲法十七条のまとめ

憲法十七条をまとめてみるとこうなる。

㈠「和」の心をもって天皇に忠義《ちゅうぎ》・忠誠《ちゅうせい》を尽《つ》くすこと（第一条・第三条）
㈡仏教を採用して日本国体の尊厳《そんげん》を明らかにしたこと（第二条）
㈢政治のあり方。独裁《どくさい》・専制《せんせい》を固《かた》く禁《きん》じ、大事においては公議《こうぎ》・衆議《しゅうぎ》を尽くすこと（第十七条）。
㈣政治指導者にすぐれた人物（聖人《せいじん》・賢者《けんじゃ》）を求めること（第七条・第十四条）
㈤朝臣《ちょうしん》・官吏《かんり》としての姿勢・心得《こころえ》
(1)基本的な道徳《どうとく》として最も大切なものは「信（まこと）」である。「信は義《ぎ》（道《どう》義《ぎ》・正義《せいぎ》）の本《もと》なり」（第九条）
(2)「礼《れい》」の重要さ。「民を治むる本は要《かなら》ず礼にあり」（第四条）
(3)万人平等観に立つ。「共にこれ凡夫《ただひと》（普通の人）のみ」（第十条）
(4)「私」を去って「公」に生きること（第八条、第十三条、第十五条）
(5)勧善懲悪《かんぜんちょうあく》（善を勧《すす》め悪を懲《こ》らすこと）（第六条）
(6)国民への苛税《かぜい》（苛酷な重税）、搾取《さくしゅ》の厳禁《げんきん》（第十二条）。
(7)裁判の公正《こうせい》（第五条）

(8)賄賂《わいろ》の禁止《きんし》(第五条)
(9)賞罰《しょうばつ》(立派な善行《ぜんこう》を必ず表彰《ひょうしょう》し、不正な悪事は必ず処罰《しょばつ》すること)の公正《こうせい》(第十一条)
(10)官吏は互いに嫉妬《しっと》すべからず(第十四条)
(11)国民を労役《ろうえき》に使う際、農業や養蚕《ようさん》にいそがしい春より秋にかけては使ってはならない。農事が暇《ひま》になる冬期《とうき》に使うこと(第十六条)。

聖徳太子は皇太子として摂政《せっしょう》として政治の全てを推古《すいこ》天皇から委任《いにん》された者として、皇国日本の朝臣《ちょうしん》・官吏《かんり》としてあるべき基本的な姿勢《しせい》と心得《こころえ》を、かくの如《ごと》く至《いた》れり尽《つ》くせりの聖訓《せいくん》(崇高《すうこう》な尊《とうと》い教え)を全朝臣に示されたのである。太子の憲法十七条の教えは決して過去の古びた一片《いっぺん》の法ではなく、今日《こんにち》なお生きており、皇国日本の基本法として不朽《ふきゅう》の価値を有している。憲法十七条の精神は、明治維新における「五箇条《ごかじょう》の御誓文《ごせいもん》」並びに大日本帝国憲法に立派に継承《けいしょう》されている。聖徳太子の憲法十七条は皇国日本の根本を定《さだ》めた「憲法」の元祖《がんそ》の一つとして尊重されなければならないのである。

3、皇国再建に捧げた生涯（その二）

対隋外交の意義
――「日出《ひい》ずる」国の外交

既述《きじゅつ》した通り、当時のわが国は内憂外患《ないゆうがいかん》の極《きわ》みにあった。神功皇后《じんぐうこうごう》以来約二百年間わが国は朝鮮半島に勢威《せいい》（勢力、威力）を張り、百済《くだら》・新羅《しらぎ》・高句麗《こうくり》を服属《ふくぞく》させて任那《みまな》に日本府《にほんふ》を置いたが、六世紀後半、任那日本府は新羅により滅ぼされ、朝鮮におけるわが国威《こくい》は地に堕《お》ちた。

　その頃大陸において隋《ずい》がシナを統一した。太子の摂政《せっしょう》就任《しゅうにん》三年前のことである。かくして隋の強大な勢力が朝鮮に及ぶ恐れが生じたのである。朝鮮半島が大陸の強大国家に支配された時、日本の存立《そんりつ》が危《あや》うくなるのはわが国史の鉄則《てっそく》(変えることのできない定め)である。具体的例をあげると唐の時代、白村江《はくすきのえ》の戦い(六六三年)でわが国が敗れ、唐の日本侵攻《しんこう》の危機にわが国はおののいた。蒙古《もうこ》は高麗《こうらい》を服属《ふくぞく》(つき従うこと)させたあと、二度にわたりわが国に侵攻《しんこう》した。李氏《りし》朝鮮《ちょうせん》がロシアの隷属国《れいぞくこく》と化《か》したあと日本の存亡をかけた日露戦争《にちろせんそう》が行われた。わが国と朝鮮半島の地理的関係をわかりやすく言うならば、半島は日本列島に対して刃《やいば》を突きつけたような位置にある。従って半島の国家が反日的であったりあるいは大陸の強大国家に支配されたならば、日本は風前《ふうぜん》の灯《ともしび》となりわが国の存立《そんりつ》と安全は致命的《ちめいてき》な危機に晒《さら》されるのである。それは昔も今も変らぬ地理的地政学《ちせいがく》(地理的条件が政治に与える関係を研究する学問)的宿命《しゅくめい》である。

　英明無比《えいめいむひ》(類《たぐ》いなくすぐれていること)なる聖徳太子はこうしたアジア情勢に対して一刻《いっこく》も警戒《けいかい》をゆるめることはなかった。太子のまわりには高句麗僧《こうくりそう》の慧慈《えじ》、百済《くだら》からきた学者覚哿《かくか》らがいたから、彼らを通じて半島と大陸の情勢を知ることに怠《おこた》りはなかった。その様な切迫《せっぱく》した対外関係の中にあって、太子は皇国日本の確固《かっこ》たる存立のために、強大《きょうだい》国隋《ずい》の出現というアジア情勢の新局面《しんきょくめん》において、揺《ゆ》るぎない対外方針《たいがいほうしん》を立てることに肝胆《かんたん》を砕《くだ》いたのである。

聖徳太子は冠位十二階を定め、憲法十七条を制定《せいてい》して内政《ないせい》の基盤《きばん》を強く固《かた》めた後《あと》、摂政就任十五年目(六〇七年)、隋に対する外交を開始した。大陸と半島の情勢を十分見極《みきわ》めた上での決断であった。太子は小野妹子《おののいもこ》を遣隋使《けんずいし》として派遣《はけん》した。その際、国書《こくしょ》に「日出《ひい》ずる処《ところ》の天子《てんし》、書《しょ》を日没《ひぼっ》する処《ところ》の天子《てんし》に致《いた》す。恙無《つつがな》きや」と記したことはよく知られている。それは確固《かっこ》たる独立国家として、毅然《きぜん》(意志が強いさま)として隋に対等《たいとう》の国交《こっこう》を求めたものである。憲法十七条においてわが国体《こくたい》の神聖《しんせい》にして尊厳《そんげん》なる所以《ゆえん》を明《あき》らかにした太子が、隋に対して正々堂々《せいせいどうどう》たる姿勢《しせい》を以《もっ》て臨《のぞ》んだのは当然《とうぜん》である。

この国書に対して隋の皇帝煬帝《ようだい》は怒《いか》った。「帝《てい》これを覧《み》て悦《よろこ》ばず。蛮夷《ばんい》(野蛮な国)の書、無礼《ぶれい》なるものあり」とシナ側の記録にあるが、怒る方が間違っている。

シナの歴代《れきだい》王朝は、シナが世界の中心であり東西南北の周辺《しゅうへん》の国々をみな未《み》開野蛮《かいやばん》の非文明国（東夷《とうい》・西戎《せいじゅう》・南蛮《なんばん》・北狄《ほくてき》とさげすむ）との人種偏見《じんしゅへんけん》をもって軽蔑《けいべつ》して見下《みくだ》し、シナ王朝《おうちょう》に服属《ふくぞく》すべきとの「中華思想《ちゅうかしそう》」を持ち続けてきた。それゆえに煬帝はこうした態度をとった。シナの王朝にとり、「天子《てんし》」つまり皇帝はこの世界に唯一人《ただひとり》しかいてはならないのである。だから聖徳太子が「日出ずる処の天子」と名乗り、シナの天子（皇帝）と対等との姿勢を示したことに怒ったのである。しかし太子はこうした隋に一歩も引き下がることなく、以後も毅然《きぜん》たる態度を貫《つらぬ》き終始《しゅうし》、堂々《どうどう》たる外交を推進《すいしん》したのである。これこそ後世《こうせい》の日本外交が見習うべき立派な手本であった。なお太子の対隋外交につき国史学者田中英道氏の次の文章は傾聴《けいちょう》すべき見解《けんかい》（見方《みかた》）である。

「日本を『日出《ひい》ずる』としたのは、日本が天照《あまてらす》の国、日が昇《のぼ》る国であることを示そうとしたのではないかと思うのです。これに対し隋は仏教国です。仏教では西方《さいほう》に浄土《じょうど》があると考えますから、『日没《ひぼっ》する』とは西方浄土にある国、その神、その天子を指《さ》していると考えるのです。ですから、隋《ずい》も日本もともに天子のいる国であって決して優劣《ゆうれつ》をつけたわけではない。神道《しんとう》の国から仏教の国へという意味合いを『日出ずる』と『日没する』という言葉によって表わしたのではないかと考えるのです。

これも太子の神道理解が正確なものであったことを表わしているわけでありまず。自然道《しぜんどう》(おのずからある道、神道のこと)、天照信仰《あまてらすしんこう》(皇祖天照大御神《こうそあまてらすおおみかみ》への信仰)を持った国から、仏を拝《おが》む仏教の国に対して『恙《つつが》なきや』といっているわけで、決して隋を挑発《ちょうはつ》する意図《いと》はないのです。それを隋の煬帝《ようだい》は『日出ずる』『日没する』という言葉だけを見て激怒《げきど》してしまったわけです」

何事にも思慮《しりょ》深く慎重《しんちょう》な太子が、いたずらに隋を刺激《しげき》し挑発することなど決してありえないことである。

しかし怒ってはみたものの煬帝は帰国する小野妹子《おののいもこ》に同行《どうこう》させて、裴世清《はいせいせい》をわが国に派遣《はけん》している。隋を少しも恐れることなく毅然《きぜん》たる外交を行う日本が気になり無視しえず見直したのである。こうして隋との国交が始まる。太子は妹子が帰国したその年(六〇八年)再び妹子を派遣した。

その時の国書《こくしょ》に記されたのが、「東《ひがしのてんのう》天皇、敬《つつし》みて西《にしのこうてい》皇帝に曰《もう》す」である。どこまでも対等の姿勢を貫《つらぬ》いている。卑屈《ひくつ》な態度《たいど》は微塵《みじん》(ごくわずか)もなかったのである。こうした太子の外交と幕末期《ばくまつき》の徳川幕府の欧米に対する屈従《くつじゅう》外交《がいこう》を比べるとき、太子の外交がいかにすぐれて立派であったかが判然《はんぜん》(はっきりすること)とする。聖徳太子は外交家としても後世《こうせい》の模範《もはん》であったのである。

第二次遣隋使において、太子は学生、学問僧数名を留《りゅうがくせい》学生として送った。当時の隋とその後の唐《とう》はすぐれた文明《ぶんめい》を持つ世界的大国だったが、太子は仏教を始めとするその文明をわが国に摂取《せっしゅ》(とり入れること)するため、留学生を派遣《はけん》、長期間滞在《たいざい》させてその文明を学ばせた。太子の死後、彼らは後の大化改新《たいかのかいしん》において、天智《てんじ》天皇の下《もと》で大いに活躍するのである。

ここに見られるのは聖徳太子の積極的、能動《のうどう》的姿勢である。皇国日本の発展の為には、海外のすぐれた文明を謙虚《けんきょ》に学び取捨選択《しゅしゃせんたく》して良きものを取り入れるというのは、その後のわが国の外国に対する基本的態度となるが、聖徳太子が最初にこれを定めたのである。その際、注意すべきことは外国文明に心酔《しんすい》(崇拝《すうはい》すること)して外国文明一辺倒《いっぺんとう》に傾《かたむ》くことであるが、馬子の例にあるが如《ごと》く太子はその危険性を十分認識《にんしき》していたので、神道・神ながらの道を核心《かくしん》とする日本文明ということを常に念頭《ねんとう》に置《お》き、「日出ずる国」皇国《こうこく》日本という自覚と誇りのもとに、海外文明の摂取《せっしゅ》につとめたのである。つまり「和魂洋才《わこんようさい》」(日本固有《こゆう》の精神、やまと魂をもとにして外来《がいらい》文明を消化吸収すること)の先駆《さきが》けであった。明治日本における欧米文明導入《どうにゅう》の歴史と比べて見るとき、太子のこうした基本的かつ自主的《じしゅてき》な姿勢がいかにすぐれたものであったかが痛感《つうかん》させられるのである。

国史の編纂《へんさん》
——聖徳太子新政の集大成《しゅうたいせい》

聖徳太子は最晩年《さいばんねん》四十八歳の時、国史の編纂《へんさん》事業を始めた。国史を編纂することの意味はどこにあるのか。それは天皇を戴《いただ》く神国《しんこく》日本の成り立ち、「万世一系《ばんせいいっけい》」の皇統《こうとう》の天壌無窮《てんじょうむきゅう》、皇国《こうこく》日本の万邦《ばんぽう》に比類《ひるい》なき所以《ゆえん》(理由)を明らかにして、当時と後世の日本人にとっての「神典《しんてん》」たらしめることであった。憲法十七条を制定した太子が最後に成《な》し遂《と》げなければならない帰結《きけつ》ともいうべき重要な事業であったのである。

その国史の名称は、「天皇記《すめらみことのふみ》及《およ》び国記《くにつふみ》、臣《おみ》・連《むらじ》・伴造《とものみやつこ》・国造《くにのみやつこ》・百八十《ももあまりやそ》部《とものお》并《あわせ》て公民《おおみたからども》等の本記《もとつふみ》」である。

国史の中心は天皇記である。それまでは「帝紀《ていき》」とか「帝王日継《ていおうひつぎ》」とか言われたものであり、天照大御神《あまてらすおおみかみ》を皇祖《こうそ》とする歴代《れきだい》天皇の系譜《けいふ》と歴代天皇の事績《じせき》を明らかにしたものである。皇国《こうこく》日本の歴史において最も重要なものである。

次の国記とは、日本の国の歴史の記録である。日本人の共同体である皇国《こうこく》日本、国家という観念《かんねん》を誰よりも強く持ったのは太子である。太子は憲法十七条において、国または国家という言葉を多く使っている（第四条・第六条・第七条・第十二条・第十四条）。

蘇我馬子《そがのうまこ》のような逆賊《ぎゃくぞく》がなぜ出たかというと結局《けっきょく》、皇国日本の神聖にして尊《そん》厳《げん》なる歴史に対する畏敬《いけい》の念と正しい国家観・国体観が根本的に欠如《けつじょ》しているからである。それゆえ太子は、憲法十七条を制定するのみならず、日本国民にとっての永遠《えいえん》の自覚《じかく》と誇りの拠《よ》り所《どころ》として国史を編纂《へんさん》しようとしたのである。臣《おみ》・連《むらじ》・伴造《とものみやつこ》・国造《くにのみやつこ》・百八十部《ももあまりやそとものお》・公民《おおみたから》の六種は、当時の国民を身分《みぶん》別《べつ》に総称《そうしょう》したもの。太子は国民各層《かくそう》すべてについての歴史をも書こうとされたのである。

かくして天皇記と国記は立派に完成したが、大化改新の際、蘇我蝦夷《そがのえみし》は殺される時、天皇記と国記を焼くという暴挙《ぼうきょ》を行なった。そのとき一官吏《かんり》が焼かれようとする国記を取り出し、中大兄皇子《なかのおおえのおうじ》(後の天智《てんじ》天皇)に献上《けんじょう》したと伝えられている。そのあと国記がどうなったかは不明である。従っていまそのときの天皇記、国記は残っていない。

しかしながら国史編纂事業は断絶《だんぜつ》することなくやがて天武《てんむ》天皇が継承《けいしょう》されて、太子を深く崇敬《すうけい》した天武天皇の御心《みこころ》、精神のもとに、『古事記《こじき》』並びに『日本書紀《にほんしょき》』が編纂されたのである。それは事実上、聖徳太子の天皇記、国記の再現であったのである。

聖徳太子の政治の集大成《しゅうたいせい》こそ、天皇記、国記を始めとする国史の編纂であった。太子は蘇我《そが》一族の横暴《おうぼう》によりわが国体《こくたい》が未曾有《みぞう》の危機《きき》、国難《こくなん》に陥《おちい》ったとき立ち上り、三十年間の長年月にわたり皇国日本の救済《きゅうさい》と再建《さいけん》に精根《せいこん》を傾《かたむ》け全身全霊《ぜんしんぜんれい》を捧《ささ》げられた。そうして最後に国史の編纂を企《くわだ》て、皇国日本の歴史を永遠に記録にとどめんとされたのである。坂本太郎は太子の国史編纂に対してこう讃《たた》えている。

「この名称《めいしょう》（天皇記及び国記、臣連伴造国造百八十部并て公民等の本記）にこそ聖徳太子がこれまで苦心《くしん》して構想《こうそう》し樹立《じゅりつ》した日本の国作りの理想がこめられている。それは三十年近くの太子の政治上の業績《ぎょうせき》の集大成《しゅうたいせい》の象徴《しょうちょう》でもある」

太子の産業奨励《しょうれい》、社会事業

聖徳太子が国民を切《せつ》に思いその幸福を深く願ったことは、憲法十七条に十分にうかがわれる。

太子はそのために産業の奨励《しょうれい》と社会福祉《ふくし》事業を推進《すいしん》した。当時の主要《しゅよう》産業たる農業にとり必要なのは暦《こよみ》だが、太子はわが国において初めて暦法《れきほう》を制定《せいてい》した。また太子は大和《やまと》の国に多くの池を作らせ、山背《やましろ》（山城・京都地域）の国において大溝《おおみぞ》（大きな堀）を掘らせた。いずれも農業の発展の基《もと》になるものである。

太子は法隆寺《ほうりゅうじ》始めいくつか寺を建てたが、その一つが四天王寺《してんのうじ》（現在大阪にある）である。法隆寺が仏教及び学問興隆《こうりゅう》の寺であるのに対して、四天王寺は平時《へいじ》において太子が社会福祉事業を推進《すいしん》する拠点《きょてん》（よりどころ）であった。四天王寺には付属施設として、敬田院《きょうでんいん》（一切《いっさい》の人々に断悪修善《だんあくしゅぜん》をすすめさとりを得させる修行《しゅぎょう》の場）・悲田院《ひでんいん》（貧窮者《ひんきゅうしゃ》、孤児《こじ》の救済施設《きゅうさいしせつ》）・施薬院《せやくいん》（貧しい病人に施薬《せやく》する施設）・療《りょう》病院《びょういん》（貧窮者のための病院）が置かれた。

また太子は温泉が諸病に特効《とっこう》があることを認め、温泉の活用《かつよう》を人々に奨励された。自ら伊予《いよ》（愛媛県）の温泉にまで行かれている。

さらに太子は「薬猟《くすりかり》」といって、自ら群臣《ぐんしん》とともに薬草《やくそう》の採集《さいしゅう》にもつとめられ、それを薬にして病者に与えられた。

かくのごとく太子の民を深く思う心は全《まった》く至《いた》れり尽《つく》せりであり、太子は真に慈《じ》悲《ひ》の権化《ごんげ》と仰《あお》がれたのである。

法隆寺という奇蹟
——太子の気高い精神の結晶

聖徳太子がわが国において初めて仏教経典《きょうてん》を本格的に研究し注釈書《ちゅうしゃくしょ》まで著《あらわ》し、日本の国体《こくたい》と国民性《こくみんせい》に調和《ちょうわ》、融合《ゆうごう》する日本仏教の礎《いしずえ》を定《さだ》めたことは既述《きじゅつ》した。太子は多くの寺——法隆寺・四天王寺・中宮寺《ちゅうぐうじ》・橘寺《たちばなでら》・広隆寺《こうりゅうじ》等——を建立《こんりゅう》したが、これらを代表するのが法隆寺である。創建は摂政就任後十五年目（六〇七年）である。千四百年前の世界最古の木造建築であり世界遺産でもある。太子がこの寺を建てたのは、父君用明《ちちぎみようめい》天皇が病いにかかられたとき、妹君《いもうとぎみ》（後の推古《すいこ》天皇）と太子に治癒《ちゆ》のために薬師如来像《やくしにょらいぞう》の造立《ぞうりゅう》と一寺《いちじ》の建立を依嘱《いしょく》（たよりとして頼むこと）されたことによる。用明天皇はわずかご在位《ざいい》四年にして崩御《ほうぎょ》（太子十四歳)された為、間に合わなかったが、太子は法隆寺を建立し薬師如来像を造立して父君への慰霊追善《いれいついぜん》(死者の冥福《めいふく》を祈って仏事《ぶつじ》を営《いとな》むこと)を果《はた》されたのである。つまり法隆寺は至孝《しこう》の人である太子孝行《こうこう》の記念《きねん》の寺院《じいん》であった。太子にとり最も大切なお寺であるとともに、太子生涯《しょうがい》の崇高《すうこう》なる精神の結晶《けっしょう》(所産《しょさん》)であった。

国史学者黒板勝美《くろいたかつみ》は太子と法隆寺につきこうのべている。

「ただ独《ひと》りこの法隆寺だけは世界最古の木造建築たる名を擅《ほしいまま》にし、大陸建築と日本建築との精神をよく融和《ゆうわ》した偉大な芸術たるを示しているのである。彼《か》のパルテノン宮殿《きゅうでん》(古代ギリシャのアテネの宮殿)がギリシャ芸術の標本《ひょうほん》として存《そん》しているとはいえ、今や僅《わず》かに廃残《はいざん》の姿を留《とど》めているに過《す》ぎないのに、我が法隆寺がその主要《しゅよう》な建物を創立《そうりつ》当時の姿そのまま輪奐《りんかん》の美《び》(建物の広大、壮麗《そうれい》のさま)を伝えているのは奇蹟《きせき》というより外《ほか》はないのである。嗚呼《ああ》何《なん》たる我等《われら》国民の幸《さいわい》ぞや。法隆寺はわが国における最も美しい古建築《こけんちく》として推奨《すいしょう》せられる太子の遺物《いぶつ》であり記念物である」

「その配置、その大きさ、その高さ、如何《いか》にもよく相調和《あいちょうわ》して相整《あいととの》っているのみならず、規模《きぼ》の雄大《ゆうだい》にしてしかも崇厳《すうげん》（気高《けだか》く荘厳《そうごん》なこと）と優美《ゆうび》との極致《きょくち》（極めつくすこと）を示している建築群《けんちくぐん》には、誰《だれ》か讃嘆渇仰《さんたんかつごう》（高くあこがれ慕《した》うこと）の声を発《はっ》しないものがあろうか」

「僅《わず》かに破風《はふう》（屋根の両側にあるたるきの外に取りつけられた「へ」形の板）の一部に残っているパルテノン宮殿彫刻を見てギリシャ美術の黄金《おうごん》時代を回顧《かいこ》せしめるに較《くら》べると、我が国のパルテノン宮殿たる法隆寺が殆《ほとん》ど完全に今日《こんにち》に伝わっているのは実《じつ》に天《てん》地霄壌《ちしょうじょう》の差（天地の隔《へだた》りがあること）があるといってよい。これ即《すなわ》ち万《ばん》世一系《せいいっけい》の国体を有《ゆう》し、未《いま》だ曾《かつ》て革命《かくめい》を見ざる我が国においてのみ独《ひと》りあり得《え》られることであって、また実《じつ》に太子の御鴻徳《ごこうとく》（高大な徳）の然《しか》らしめるところであると言わねばならぬ」

「然《しか》らばどうしてこんな立派な建築が出来たのであろうか。……これだけ立派な建築が出来上るには必ずやその設計者《せっけいしゃ》や監督者《かんとくしゃ》に偉大な人物がいなければならぬ。その偉大な人物はこれを太子に帰《き》し奉《たてまつ》るより外《ほか》ないではあるまいか。太子は実《じつ》に芸術の指導者であり保護者《ほごしゃ》であらせられた……。いわば法隆寺は太子の偉大な御精神をこの大建築の上に体現《たいげん》したまうたものであり、太子の崇高《すうこう》な御人格《ごじんかく》がこの大伽藍《だいがらん》（仏道《ぶつどう》を修行する大寺院）の内外《ないがい》に発露《はつろ》して永久に讃嘆《さんたん》せられるものとなったのである」

聖徳太子が後世の日本人に遺《のこ》した最も価値ある贈り物の双璧《そうへき》（二つの宝）が憲法十七条と法隆寺である。ともに日本国民にとり永遠の至宝《しほう》（この上ない宝）にほかならない。ことに太子の偉大な人格と精神の「体現」であり、太子の形見《かたみ》であり、「遺物《いぶつ》」「記念物」である法隆寺という奇蹟《きせき》を持ちうることは、私たち日本人の至《し》福《ふく》（この上ない幸福）であると言わねばならない。更《さら》に国史学者であり美術史家の田中英道氏の法隆寺観を掲《かか》げよう。

「第一に六〇七年に創建《そうけん》されたこの寺は、現存《げんそん》する世界最古《さいこ》の木造建築として知られています。いまから千四百年も前に建てられた寺院が現在もなお〝信仰の場〟として人々を惹《ひ》きつけ、緑なす木々のあいだで生きた美しさ（傍点《ぼうてん》・田中氏）を保っているのは、これはもう驚異《きょうい》というしかありません。

たしかに、紀元前五世紀に建てられたとされるアテネ（ギリシャ）のパルテノン神殿も美しいけれども、しかしあの神殿は死んでいます。観光の名所ではあるけれど、神を祀《まつ》ることはもはやなく、祭りも絶えたままです。いわば石造《いしづく》りの廃墟《はいきょ》であり、死せる遺跡《いせき》にすぎません。よく見れば、その白亜《はくあ》の殿堂《でんどう》は破壊《はかい》され略奪《りゃくだつ》され、歴史の無残《むざん》さを感じさせるばかりです。それに対して、法隆寺はいまも勤行《ごんぎょう》(仏教における種々《しゅじゅ》のつとめ)が行われ、現代に息づいているのです。法隆寺の偉大さはここにあります」

「第二に、法隆寺は日本人の美的感覚《びてきかんかく》の鋭《するど》さを今に伝えています。金堂《こんどう》、五重《ごじゅうの》塔《とう》、中門《ちゅうもん》、回廊《かいろう》が七世紀の飛鳥《あすか》時代の様式《ようしき》で統一《とういつ》されていて、みごとな調和《ちょうわ》を保《たも》っています。とりわけ注目《ちゅうもく》すべきは、中門から展望《てんぼう》した景観《けいかん》です。中門を入《はい》ると、右手には雄大《ゆうだい》な金堂が配置《はいち》され、左手にはすっくと五重塔がそびえ、奥には講堂があり、それを回廊がくるりと囲《かこ》みこんでいます。その美しさは、ほぼ同時期に建立《こんりゅう》された四天王寺《してんのうじ》(大阪市。たび重なる災害で消失、戦後再建された)と比べるとき、いっそうはっきりします。

中国の様式にならって建てられた四天王寺では中門、塔、金堂が一直線に並んで重なっているため、それぞれの形が重なってしまい、お互いに相殺《そうさい》しあっているのに対し、法隆寺では金堂・五重塔が左右に美しく配置されています。こうした美は中国、朝鮮の寺社《じしゃ》建築には見られません」

「それだけではありません。あの高い五重塔（総高《そうこう》三十二メートル余《あまり》）が千四百年もの長い年月、燃えもせず倒れもせずに残っているのも奇跡的です。……当時の日本人の建築技術の高さを物語る何よりの証拠《しょうこ》といえます。世界一大きい古墳《こふん》・仁徳天皇陵《にんとくてんのうりょう》を築いた古代日本人の技術と知恵がここでも堅牢《けんろう》（堅《かた》く丈夫《じょうぶ》なこと）

法隆寺伽藍（写真提供：共同通信社）

な木材を選び抜き、さらに強靱《きょうじん》（しなやかで強く、折れ砕《くだ》けないこと）な構造計算《こうぞうけいさん》をして、高い塔を支《ささ》えてきたことに注目《ちゅうもく》すべきです。……七世紀初頭《しょとう》にこれだけの木造建築を完成させた日本人はきわめてすぐれた造形感覚《ぞうけいかんかく》と建築技術を有《ゆう》していたというしかありません」

世界最古である木造建築の奇蹟的存在の至上《しじょう》の価値につき、田中氏のすぐれた見解《けんかい》（見方）は誰しも納得《なっとく》（よくわかること）しうるであろう。

仏教彫刻・美術工芸の宝庫

法隆寺は建物だけではなく、仏像彫刻《ぶつぞうちょうこく》・美術工芸品の宝庫《ほうこ》であり、それは飛鳥《あすか》時代を代表するものである。数多い国宝、重要文化財以外にも貴重な美術工芸の優品《ゆうひん》は枚挙《まいきょ》のいとまがないほどである。また法隆寺には飛鳥時代を始めとして古代・中世・近世に至《いた》るまでの美術品が満遍《まんべん》なく現存《げんそん》している。これは数多いわが国寺院の中で唯一《ゆいいつ》法隆寺だけに見られる現象といわれている（参照・『法隆寺』

大橋一章・片岡直樹編著　里文出版）。

まず代表的な仏像彫刻は次の通りである。

(1)釈迦三尊像《しゃかさんぞん》（国宝、止利仏師《とりぶっし》作）

法隆寺の本尊《ほんぞん》である。聖徳太子と母君間人《はしひと》皇后、膳《かしわで》王妃の冥福《めいふく》を祈って造られたもの。止利仏師は当時最高の仏師。

(2)薬師如来像《やくしにょらい》（国宝）

用明《ようめい》天皇が自らの病気平癒《へいゆ》の為に寺院建立《じいんこんりゅう》を発願《ほつがん》されたがほどなく崩御《ほうぎょ》された。遺志《いし》を継《つ》がれた推古《すいこ》天皇と聖徳太子が推古十五年（六〇七）、像と法隆寺を完成した。

(3)救世観音像《ぐぜかんのん》（国宝　止利仏師作）

百済観音《くだらかんのん》像と並ぶ飛鳥時代の木彫《きぼり》の代表的仏像。聖徳太子在世中《ざいせいちゅう》の等身《とうしん》の生き写しの彫造《ちょうぞう》で一七九センチある。神々《こうごう》しいばかりの顔容《がんよう》である。夢殿《ゆめどの》の本尊《ほんぞん》である。

(4)百済観音《くだらかんのん》像（国宝　山口大口《やまぐちのおおぐちのあたい》費作？）

飛鳥時代の彫刻第一の傑作《けっさく》といわれる。わずかにほほえみかけた優美《ゆうび》な姿は、わが国美術愛好者の熱狂《ねっきょう》的な支持《しじ》をうけている。平成九年、わが国を代表する美術品としてルーブル美術館で好評《こうひょう》を博《はく》した。

(5)四天王《してんのう》像(国宝　山口大口費作?)

飛鳥時代の秀作《しゅうさく》。わが国最古の四天王像。

これら飛鳥時代の仏像彫刻は奈良・平安時代になってさらに発達、国宝級の名作・傑作群が続出する黄金期を迎えるのである。

工芸品の名品を代表するのが「玉虫厨子《たまむしのずし》(国宝)」である。厨子とは戸棚《とだな》のこと。玉虫厨子は高さ二二〇センチの大型木造、黒漆《くろうるし》塗《ぬ》りの仏像安置《あんち》用の戸棚であり、建築・絵画・工芸の粋《すい》を尽《つ》くした総合的美術品であり、日本上代美術中の最《さい》たる優品《ゆうひん》の一つである。

絵画には、金堂壁画《こんどうへきが》がある。わが国上代絵画の白眉《はくび》(最もすぐれたもの)であり、インドのアジャンタの石窟《せっくつ》壁画とよく似ている。昭和二十四年の火災でほとんど消失したのが惜しまれる。

以上の通り法隆寺は建築・仏像彫刻・工芸・絵画等の国宝・重要文化財等の名作・優品は千五百点以上にものぼる美の殿堂《でんどう》であり、飛鳥文化の中心であった。法隆寺という奇蹟がなぜありえたかにつき、田中英道氏はこうのべている。
「法隆寺のすべては、聖徳太子の人格の高潔《こうけつ》さの反映《はんえい》であるといえるでしょう。日本人の基礎《きそ》となるものを培《つちか》った高い精神性。その精神性によって掲《かか》げられた理想の表れである政治的業績《ぎょうせき》。法隆寺はそれらを形に表した結晶《けっしょう》であると言って過言《かごん》ではありません。指導者の品性《ひんせい》が高くないと、その社会の品性もそして芸術の品性も高くなりません。

人々が聖徳太子に多大の尊敬を寄せたのは、当然すぎるほど当然のことです。やがて太子信仰が生まれました。このような偉大な人物を歴史にもったことは、私たち日本人の誇りといわなければなりません」

聖徳太子があってこその飛鳥《あすか》文化であったのである。聖徳太子の存在によりわが国の芸術・文化は美しく花開き、その後の白鳳《はくほう》文化、天平《てんぴょう》文化、平安《へいあん》文化へと更《さら》に大きな発展を遂《と》げた。それゆえ太子は「日本文化の母」と讃《たた》えられてきたのである。

なお法隆寺は一度火災で焼失、再建されたという説があるが、田中英道氏は再建説の誤りを著書において明白に論証《ろんしょう》している。法隆寺は推古十五年（六〇七）、太子によって建立されて以来今日まで、私たちに崇高荘厳《すうこうそうごん》な美しさを見せ続けている。それは日本人全体の悦《よろこ》びであり誇りであると言わなければならない。

4. 太子信仰 ——後世への絶大な感化

太子の最期《さいご》 ——天下の百《おおみたから》姓の哀悼《あいとう》

聖徳太子は推古《すいこ》三十年（六二二）、二月二十二日、四十九歳にて逝去《せいきょ》された。太子の死を人々がいかに嘆《なげ》き悲しんだか『日本書紀』はこう記している。

「是《こ》の時に、諸王《もろもろのきみ》・諸臣《もろもろのおみ》及び天下《あめのした》の百姓《おおみたから》、悉《ことごと》くに長老《おきな》は愛《めぐ》き児《こ》を失《うしな(え)》へるが如《ごと》くして、塩酢《しおす》の味《あじわい》、口《くち》に在《あ》れども嘗《な》めず、少幼《わかき》は慈《うつくしび》の父母《かぞいろは》を亡《うしな(え)》へるが如《ごと》くして、哭《な》き泣《いさ》つる声、行路《みち》に満《み》てり。乃《すなわ》ち耕《たがや》す夫《もの》は耜《すき》を止《や》み、舂《いねつ》く女《め》は杵音《きねおと》せず。皆曰《みないわ》く、『日月《ひつき》輝《ひかり》を失《うしな(い)》ひて、天地《あめつち》既《すで》に崩《くず》れぬ。今《いま》より以後《のち》、誰《たれ》をか恃《たの》まむ《(ん)》』」

全国民が世の光と仰《あお》ぐ太子の死にこの上ない衝撃《しょうげき》を受けて悲嘆《ひたん》、落胆《らくたん》の淵《ふち》に沈《しず》んだことがわかる。太子は当時の日本人にとり神にひとしき人物であったのである。また太子は推古天皇の次に皇位を嗣《つ》ぐべき聖王《ひじりのおおきみ》であった。太子への追《つい》悼歌《とうか》三首が『上宮聖徳法王帝説《じょうぐうしょうとくほうおうていせつ》』に載《の》せられている。この書は現存最古《げんそんさいこ》の太子伝記であり、日本古代史第一級の史料である。作者は当時の豪族の一人巨勢三杖《こせのみつえ》で、太子に近侍《きんじ》(そばで仕えること)した人物と思われる。

斑鳩《いかるが》の　止美《とみ》の小川《を(お)がは(わ)》の　絶《た》えばこそ
我《わ》が大君《おほ(お)きみ》の　御名《みな》忘《わす》らえめ

斑鳩の富の小川が絶えたなら、我が大君の御名《みな》を忘れることもあろうが、富の小川は絶えることがないので、永久にわが大君・上宮聖徳王《じょうぐうしょうとくおう》の御名を忘れることはない。

みかみおす　たばさみ山の　あじ蔭《かげ》に
人《ひと》の申しし　我が大《おほ(お)》君《きみ》はも

たばさみ山のアジ（実体不明）の木蔭《こかげ》に神としておわしますと人が申した我《わ》が大君よ。

斑鳩《いかるが》の　この垣山《かきやま》の　下《さ》がる木《き》の
空《そら》なることを　君《きみ》に　申《まを(もう)》さな

この垣山の垂《た》れ下《さが》った木のように、自分が空虚《くうきょ》であることを大君に申し上げたい。

生前すでに「聖王《ひじりのおおきみ》」「生神様《いきがみ》」と仰がれた聖徳太子に対する全国民の限りない哀惜《あいせき》、痛嘆《つうたん》の情を代表するのがこの三首《さんしゅ》である。心が全《まった》くうつろになり生きる張り合いを失った深い悲しみが、千四百年後の私たちの胸を打つ。当時の日本人にとり聖徳太子は「我が大君」つまり天皇にひとしい存在であったのである。

太子の死に対する衝撃と嘆きは、明治天皇が崩御《ほうぎょ》された時と似《に》ている。天皇のご不例《ふれい》(病気)が公表《こうひょう》されると人々は二重橋《にじゅうばし》前に駆《か》けつけて玉砂利《たまじゃり》に伏《ふ》してご平《へい》癒《ゆ》を祈願《きがん》した。明治四十五年七月三十日、崩御された時、二重橋前の玉砂利は人々の涙に濡《ぬ》れた。明治の日本国民にとり明治天皇のご存在はすべてのすべてであった。飛鳥時代においては、聖徳太子がそうであったのである。

太子の死を深く悲しんだ一人が、高句麗《こうくり》の僧慧慈《えじ》であった。太子に仏教を教えた恩師《おんし》であり、その時はすでに帰国していたがこうのべている。

「日本国《やまとのくに》に聖有《ひじりま》す。上宮豊《かみつみやのとよ》聡耳《とみみのみ》皇子《こ》と曰《もう》す。固《まこと》に天《あめ》に縦《ゆる》されたり(生まれながらすぐれた天性《てんせい》をそなえた人物)。玄《はるか》なる聖《ひじり》の徳《いきおい》(神の如《ごと》き聖人《ひじり》の高徳《こうとく》)を以《も》て、日本《やまと》の国《くに》に生《あ》れませり。三統《きみのみち》を苞《つつ》み貫《ぬ》き(聖天子《せいてんし》の代《よ》といわれる禹王《うおう》・湯王《とうおう》・文王《ぶんおう》を包《つつ》み貫《つらぬ》くほどのすぐれた王との意)、先聖《さきのひじり》(皇祖皇宗《こうそこうそう》、歴代天皇のこと)の宏猷《おおきなるのり》(大いなる道)に纂《つ》ぎ(続いて)、三宝《さんぼう》を恭《つつし》み敬《いやま》ひ(い)て、黎元《おおみたから》(国民)の厄《たしなみ》(苦しみ)を救ふ(う)。是《これ》実《まこと》の大聖《おおきひじり》なり。今太子《ひつぎのみこ》既に薨《かむさ》りましぬ。我《われ》、国異《くにけ》なり(異なる)と雖《いえど》も、心《こころ》断金《うろわしき》(太子と堅《かた》く強い友情を結んだこと)に在《あ》り。其《そ》れ独《ひと》り生《い》くとも、何《なに》の益《しるし》かあらむ(ん)(自分一人生きても生き甲斐がない)。我来年《われこんとし》の二月五日《きさらぎいつかのひ》を以《も》て必《かなら》ず死《みまか》らむ(ん)。因《よ》りて上宮太子《かみつみやのひつぎのみこ》に浄土《じょうど》に遇《もうあ》いて、共《とも》に衆生《しゅじょう》を化《わた》さむ(ん)(人々を浄土に渡すこと)」慧慈《えじ》は太子を「聖人」「大聖」であるとして「玄《はるか》なる聖《ひじり》の徳」を持つ人物であり、古来《こらい》シナで聖人とされた天子《てんし》をもはるかに凌《しの》ぐと絶讃《ぜっさん》した。そうしてこの言葉の通り太子を仰ぎ慕い一年後に「殉死《じゅんし》」したのである。

明治天皇の崩御《ほうぎょ》に際して、臣下中誰《しんかちゅう》よりも深く親愛された忠誠無比《ちゅうせいむひ》の人乃木《のぎ》希典《まれすけ》が殉死《じゅんし》したことを想《おも》い起《お》こさせる。聖徳太子の死は太子がわが国古代を代表する人物であったことを後世《こうせい》の私たちに教えている。

なお聖徳太子の突然の死については、『日本書紀』は何も記していない。田中英道氏は、山背大兄王《やましろのおおえのおう》一族を皆殺しにした蘇我《そが》の悪逆非道《あくぎゃくひどう》を考えるならば、太子の死は蘇我の魔手《ましゅ》によるものと推定《すいてい》している。

蘇我三代(馬子《うまこ》・蝦夷《えみし》・入鹿《いるか》)の驕暴《きょうぼう》・大逆《たいぎゃく》・非道《ひどう》
――皇国日本断絶の危機

聖徳太子が摂政《せっしょう》をしている間、蘇我馬子《そがのうまこ》はどうすることも出来ず勝手気儘《かってきまま》な振舞《ふるまい》はできなかった。しかし太子死後、たちまち野心を露《あら》わにして、天皇、朝《ちょう》廷《てい》をないがしろにする驕慢《きょうまん》（驕《おご》り高ぶること）、横暴《おうぼう》な態度を再びほしいままにした。蘇我馬子は太子逝去《せいきょ》の四年後に亡くなるが、あとを継いだ蝦夷《えみし》とその子入鹿《いるか》が馬子に輪《わ》をかけたわが国史上この上ない専横《せんおう》（ほしいままに振舞うこと）無類《むるい》の行為をその後約二十年間とり続けた。

その中で暴虐《ぼうぎゃく》の限り、無道《むどう》の極《きわ》みの行為が聖徳太子の跡継《あとつぎ》である山背大兄王《やましろのおおえのおう》を死に追いやり上宮王家《かみつみやのおうけ》（太子の一族）を悉《ことごと》く滅亡《めつぼう》したことである。山背大兄王は本来、天皇となるべき方であった。国政《こくせい》をわが一手におさめて専権《せんけん》を奮《ふる》わんとする蘇我蝦夷・入鹿父子にとり、最も有力な皇位継承者《こういけいしょうしゃ》とされた山背大兄王は彼らの野望《やぼう》を遂《と》げる上に最大の邪魔者《じゃまもの》であり、抹殺《まっさつ》されるべき対象《たいしょう》であった。

太子逝去二十一年後、蝦夷と入鹿及びその配下《はいか》は、突然斑鳩宮《いかるがのみや》（聖徳太子が建《こん》立《りゅう》し、住まわれた宮殿、法隆寺のそばにあった）を襲撃《しゅうげき》した。山背大兄王は衆寡敵《しゅうかてき》せず、妃《きさき》並びに子弟《してい》らを伴《ともな》い生駒山《いこまやま》に脱出した。山背大兄王らは四、五日間飲食もままならず山中に留《とど》まった。部下の一人が、東国《とうごく》にいたり軍を興《おこ》して戦うならば必ず勝利が得られますと進言《しんげん》した。

しかし山背大兄王《やましろのおおえのおう》は「そうすれば勝利は得《う》るであろうが、自分は十年間百姓《おおみたから》を使わじと心に思っている。一身《いっしん》の故《ゆえ》をもって万民《ばんみん》を煩《わずら》わそうや。身《み》を捨てて国を固《かた》くする(固く守ること)は、また丈夫《ますらお》(立派な男子)ではないか」とその言に従わなかった。こうして山背大兄王の一族十五人ないし二十三人がことごとく無惨《むざん》な最期《さいご》を遂《と》げた。もう一つの古代最大の悲劇である。蘇我馬子《そがのうまこ》は崇峻《すしゅん》天皇を殺害した。子孫たる蘇我蝦夷《えみし》と入鹿《いるか》は山背大兄王一族を皆殺しにして上宮王家《かみつみやのおうけ》を根絶《こんぜつ》した。日本の歴史においてこれほどの大逆《たいぎゃく》(天皇にそむくこと)を働いた暴《ぼう》虐無比《ぎゃくむひ》の国賊《こくぞく》はいないのである。

聖徳太子三十年間の政治における真《しん》の敵は、国体を破壊せんとする蘇我一族であったのである。聖徳太子と蘇我一族の根本的対立関係こそ、太子三十年間の新政の一大背景《はいけい》である。かくの如《ごと》き前提《ぜんてい》において、太子の政治と生涯《しょうがい》を物語らなければならないのだが、従来《じゅうらい》の聖徳太子伝のほとんどがこの視点《してん》を欠いている。

太子といえば、和の精神、仏教の受容《じゅよう》、遣隋使《けんずいし》、法隆寺のことが中心に語られ、最も重大な蘇我との対決、国体の危機、皇国日本の再建という最重点が無視されてきたのである。それゆえ、聖徳太子の真《しん》の偉大さがどこにあるのかこれまで焦点《しょうてん》がぼかされて深く理解できなかったのである。

蝦夷・入鹿父子の大罪悪の第二は、二人の墓を生前《せいぜん》に造らせて、蝦夷のは「大陵《おおみささぎ》」、入鹿のは「小陵《こみささぎ》」とよばせたことである。「陵」とは天皇・皇后など皇族の墓のことである。蘇我入鹿は、山背大兄王一族を滅ぼした後、父蝦夷の家を「うえつみかど」、自分の家を「はざまのみかど」、自分の子供を「みこ」とよんだ。「みかど（御門）」とは天皇の御所《ごしょ》の門のことで、そこから天皇を「みかど」と申し上げたのである。蝦夷と入鹿は、自分こそ天皇だと言っているのだ。わが国史においてこれほど僭上《せんじょう》（身分を越えておごりたかぶること）、不忠《ふちゅう》、不敬《ふけい》の態度をとった者は馬子のほか蝦夷・入鹿以外にない。この二人の専制独裁《せんせいどくさい》が続くならば、皇国日本はここに断絶《だんぜつ》・滅亡しなければならなかったのである。これが大化改新直前の情勢であった。

大化改新の基礎を築いた太子
――中大兄皇子は「第二の聖徳太子」

聖徳太子三十年間の輝くような政治とその前後の蘇我三代(馬子《うまこ》・蝦夷《えみし》・入鹿《いるか》)の大逆《たいぎゃく》・驕暴《きょうぼう》・専制《せんせい》、これが飛鳥時代であった。太子と蘇我三代はこの時代の光と闇であり、太子の三十年間はこの闇との戦いであった。では太子の渾身《こんしん》の尽力《じんりょく》は果《はた》して無駄《むだ》・無益《むえき》・無力であったのだろうか。山背大兄王《やましろのおおえのおう》一族、上宮王家《かみつみやのおうけ》の滅亡という無惨《むざん》な結末《けつまつ》を見るとそう思うかもしれない。しかしそうではなかった。黒板勝美はこうのべている。

「太子が閥族《ばつぞく》(蘇我一族)を倒さんとするお志《こころざし》を果《はた》したまわずして薨去《こうきょ》(皇族《こうぞく》または三位《さんみ》以上の人が死ぬこと)したまいしために、薨去後却《かえ》って閥族の反噬《はんぜい》(刃向《はむか》うこと)するところとなり、御子孫まであまさず犠牲《ぎせい》とならせらるるに至《いた》ったことは実《じつ》に千載《せんざい》(千年)の恨事《こんじ》(うらむべきこと)である。しかし太子が国民思想を根本から改造《かいぞう》せんとせられた御事業には、実《じつ》に偉大な効果《こうか》がだんだん現われて来た。自主的精神はいよいよ確立し、皇室中心主義は次第に高調《こうちょう》(意気が盛んなこと)せられることになった。太子の薨去後三年にして生まれたまうた中大兄皇子《なかのおおえのおうじ》(天智《てんじ》天皇)は、ここに第二の聖徳太子として太子の薨去後二十年にして改新《かいしん》の事業を完成せられた。かくて皇室の輝かしい盛んな時代が永く続くことになった。

天智天皇が御在位に先立ち孝徳《こうとく》、斉明両朝《さいめいりょうちょう》の皇太子として政治の事に当《あた》りたまうたのは、実に聖徳太子を模範《もはん》とせられたものであり、大化《たいか》の改新《かいしん》はまた太子の遺業《いぎょう》を継承《けいしょう》してこれを成就《じょうじゅ》せられたものである。

故《ゆえ》に太子は半途《はんと》(中途《ちゅうと》)にして薨去したまうたけれど、その御精神と御理想はあくまでも生きているのであった。殊《こと》に天智天皇の師傅《しふ》(教え導く役)となり顧問《こもん》となって御輔導《ごほどう》(助けみちびくこと)の任《にん》にあたり、改新の事業に携《たずさ》わった者は太子の分身《ぶんしん》ともいうべき遣隋留学生《けんずいりゅうがくせい》であったことから考えても、この事が証明されるであろう」

「要《よう》するに大化改新は、太子によってその大部分の基礎《きそ》が置《お》かれたといってよい。太子摂政《せっしょう》三十年、その後蘇我氏の亡《ほろ》ぶるに至《いた》るまで二十二年、太子の御理想はおよそ五十余年にしてここに実現したが、これ実《じつ》に皇室中心の国民思想が太子によって宣伝せられ、その間に段々発展して大化改新となり朝廷《ちょうてい》の盛大《せいだい》を観《み》るに至ったのである」

この黒板の言こそこれまでの史論《しろん》の中で、聖徳太子三十年間の政治に対する最も正しい公論《こうろん》である。太子は子孫を蘇我一族に滅ぼされた。しかしながら一族を捧《ささ》げての捨身殉国《しゃしんじゅんこく》が天皇国日本の救済と再建の尊い礎《いしずえ》となったのである。それは明治維新において尊皇《そんのう》の志士《しし》たちが先覚者《せんかくしゃ》・先駆者《せんくしゃ》として祖国に命を捧げたことと同様《どうよう》である。この行為はいくら讃《たた》えても讃えすぎではないのである。さらに国史学者平泉澄《ひらいずみきよし》はこうのべている。

「聖徳太子がまず道義道徳《どうぎどうとく》を明らかにして人々の反省を求められ、それでも聞かない者を、次に中大兄皇子《なかのおおえのおうじ》が断乎《だんこ》として武力《ぶりょく》をもって平《たいら》げられ、ここに朝廷《ちょうてい》のご威光《いこう》が全国に輝き、人々すべてその御光《みひかり》に浴《よく》するようになったのです」

黒板の所説《しょせつ》の要約《ようやく》でもある。

不滅の太子信仰

わが国古代における聖徳太子の存在がいかに大きかったか、現代の人々はなかなかわからない。しかしながら太子の存在の大きさ、重さが生み出したのが「太子信仰《たいししんこう》」である。今日《こんにち》「○○信仰」とよばれる人物は太子のほか、空海《くうかい》と菅原道真《すがわらのみちざね》がいる。空海は「大師信仰《だいししんこう》」、道真は「天神信仰《てんじんしんこう》」である。わが国史上、この三偉人が「○○信仰」の名をもって今日まで多くの人々に崇敬仰慕《すうけいぎょうぼ》されてきたが、その元祖《がんそ》こそ聖徳太子であった。

生前すでに「聖王《ひじりのおおきみ》」とたたえられ生神様《いきがみ》として高く仰《あお》がれていた太子への篤《あつ》く深い国民の思いが、死後直《ただ》ちに太子への信仰となったのはごく自然の成りゆきであった。

太子が逝去《せいきょ》してから約百年後に『日本書紀』が出来上がったが、『日本書紀』により、「太子聖人観」は磐石《ばんじゃく》、不動《ふどう》のものになりすっかり定着《ていちゃく》した。『日本書紀』は太子の事績《じせき》を伝える最古の文献《ぶんけん》である。

奈良時代の末期《まっき》には、太子を観世音菩薩《かんぜおんぼさつ》と見る信仰が生まれ、平安時代には太子が救世観音《ぐぜかんのん》の化身《けしん》であるとされ、ここに太子は観音菩薩《かんのんぼさつ》の生《うま》れ替《かわ》りとの信仰が成立するのである。平安時代中頃に出来た数々の太子伝の集大成《しゅうたいせい》である『聖徳太子伝暦《でんりゃく》』が太子を救世観音の化身としたのだが、この書が太子信仰の上に決定的影響を与えた。以後、太子伝は本書を元にして数多く作られ、さらに太子絵《え》伝《でん》や太子像《たいしぞう》などが次々に生まれ、それらは世間一般に広く浸透《しんとう》し、全国民的なものになってゆくのである。

平安時代の太子信仰の代表的人物は最澄《さいちょう》である。天台宗《てんだいしゅう》は法華経《ほけきょう》を教えの中心にしたから、最澄にとり太子は天台宗教学《きょうがく》の始祖《しそ》であり心の拠《よ》り所《どころ》であった。以後、太子信仰は天台宗僧侶《そうりょ》に継続《けいぞく》されてゆく。

鎌倉時代は平安時代に増して太子信仰は隆盛《りゅうせい》を極《きわ》めた。太子信仰の代表は将軍源実朝《みなもとのさねとも》と浄土真宗《じょうどしんしゅう》を開いた親鸞《しんらん》である。ことに親鸞の信仰は熱烈《ねつれつ》そのもので、太子を「和国《わこく》の教主《きょうしゅ》」と崇《あが》めた。

　また真言宗《しんごんしゅう》の高僧叡尊《こうそうえいそん》とその弟子《でし》忍性《にんしょう》も太子を崇拝敬慕《すうはいけいぼ》してやまなかった。二人は太子が四天王寺《してんのうじ》に敬田院《きょうでんいん》・悲田院《ひでんいん》・施薬院《せやくいん》・療病院《りょうびょういん》を建てて人々を救済《きゅうさい》した業績《ぎょうせき》を手本として慈善《じぜん》、救済事業に尽力《じんりょく》、ことに忍性は鎌倉において二十年間に四万六千人の人々を治癒《ちゆ》したと伝えられている。

　太子像の彫刻《ちょうこく》・絵画《かいが》の制作《せいさく》がことに多かったのが鎌倉時代である。太子像を観世音菩薩《かんぜおんぼさつ》と仰《あお》ぎ、人々は幸福を願い、極楽浄土《ごくらくじょうど》への往生《おうじょう》を祈ったのである。数多くの太子像や絵画は、太子信仰がいかに広く普及《ふきゅう》していたかの証《あかし》である。

　室町時代から江戸時代に盛んになったのが「太子講《たいしこう》」である。太子講とは、聖徳太子を讃《たた》えて人々が集《つど》う行事《ぎょうじ》のことである。二つの形態《けいたい》があり、一つは太子を奉讃《ほうさん》する仏教の宗教講《こう》、もう一つは大工《だいく》、左官《さかん》（壁ぬりを業《ぎょう》とする人たち）など職人《しょくにん》たちが太子を祀《まつ》って集《つど》うものである。職人たちの太子講は、大工・左官・石工《いしく》・鳶《とび》（火消し、消防夫、鳶職《とびしょく》）・木樵《きこ》り・木挽《こびき》（木材をのこぎりでひく人）・屋根《やね》葺《ふき》・炭焼《すみや》き・鍛冶屋《かじや》・建具屋《たてぐや》・瓦屋《かわらや》・畳屋《たたみや》・井戸屋《いどや》・桶屋《おけや》・下駄屋《げたや》・指物師《さしものし》（たんす、棚、机などをつくる人）・曲物師《まげものし》（桶《おけ》などをつくる人）などあらゆる職人が、それぞれの同業者の結束《けっそく》をはかるため、太子を守護神《しゅごしん》として仰《あお》ぎ、全国各地でこの太子講が行われたのである。この太子講は今日まで継承《けいしょう》されている。職人たちが太子を工匠《こうしょう》の祖《そ》、大工の神様と仰ぐのは、太子が法隆寺を始めとするわが国建築の始祖《しそ》とされ、指導者であったからである。

太子は建築・土木の守護神であるのみならずそのほかにも書道、華道《かどう》、香道《こうどう》、伎楽《ぎがく》（舞楽《ぶがく》・音楽《おんがく》のこと）の発祥《はっしょう》においても深くかかわり、ことに和紙《わし》づくりの祖《そ》、「紙の神様」としても祀《まつ》られている。かくの如《ごと》く太子は日本文化の創始者、「日本文化の母」と讃《たた》えられ、その感化力・影響力は絶えることなく今日にまで及んでいる。「太子信仰」がいかに根深《ねぶか》いものかがわかるのである。

後世において聖徳太子に対して最も敬虔《けいけん》なる思慕《しぼ》と崇敬《すうけい》を捧《ささ》げた太子信仰者は天武《てんむ》天皇である。その何よりの証拠が『古事記』と『日本書紀』である。『古事記』と『日本書紀』の編纂《へんさん》という大事業は実《じつ》に聖徳太子の志《こころざし》の継承《けいしょう》にほかならず、天武天皇自《みずか》らの意志に発するものである。『日本書紀』において太子は偉人中の偉人として特別の存在として崇敬の念に満ち溢《あふ》れた記述がなされているが、これこそ天武天皇のこの上なき太子信仰の念の発露《はつろ》（表面にあらわれること）にほかならなかった。

　天武天皇は古代の天皇の中で最もすぐれた治績《ちせき》（政治上の功績）を残された一人である。飛鳥浄御原律令《あすかきよみはらりつりょう》の制定《せいてい》、伊勢神宮の式年遷宮《しきねんせんぐう》の制度、国史編纂の開始等が主《しゅ》たるものである。国史学者田中嗣人《つぐひと》氏は「天武天皇こそが太子信仰成立のための立役者《たてやくしゃ》であり、熱烈《ねつれつ》な信奉者《しんぽうしゃ》であった」とのべている。

　ここで付け加えるべきことがひとつある。それは太子が将来の出来事を予知《よち》し得《う》る能力を持っていたことである。『日本書紀』は「兼《か》ねて（あらかじめの意）未然《ゆくさきのこと》（未来・将来のこと）を知る」と記している。将来この世、わが国がどうなるかを知っていた予知者つまり予言者であったことを明記《めいき》しているのである。国史上そのような人物がもう一人いる。天武《てんむ》天皇である。『古事記』の序文において太安萬侶《おおのやすまろ》は、天武天皇について「明《あき》らかに先代《さきのよ》を観《み》（見ること）たまいき」と記している。「先代を観《み》る」とは従来《じゅうらい》昔の時代をよく知るという意味に解釈されているが、もう一つ「未然《ゆくさきのこと》を知る」ということを含んでいる。天武天皇もまた予知者・予言者であったのである。ここにも両者の共通性があり、天武天皇が太子を深く思慕《しぼ》した理由が秘《ひ》められている。

日本人は予知や予言とは日本人には無縁《むえん》のユダヤ教やキリスト教、旧約《きゅうやく》・新約聖書《しんやくせいしょ》等の世界のことと思ってきたがそうではない。聖徳太子はこのようにあらゆることに通《つう》じた卓絶《たくぜつ》した能力を備《そな》えた桁外《けたはず》れの超人《ちょうじん》であったから、生前《せいぜん》も死後も聖人視《せいじんし》され神格化《しんかくか》されて信仰の対象《たいしょう》とされたのである。

ただ江戸時代になり、太子信仰に異《い》を唱《とな》える者が現われた。一部の儒学者《じゅがくしゃ》や国学者《こくがくしゃ》の非難《ひなん》である。太子が崇峻《すしゅん》天皇を殺害した馬子《うまこ》の罪を咎《とが》めなかったことと、仏教を広め民心を惑《まど》わしたというものだが、それは全く不当《ふとう》な批判《ひはん》であることは詳《くわ》しくのべた。太子とその政治を最も讃《たた》え高く評価した黒板勝美はこれを「千古《せんこ》(千年にわたる)の冤罪《えんざい》(無実の罪)」と言っている。

最後に太子がいかに慈悲深い人物であったかにつき、『日本書紀』の記述を掲《かか》げよう。

「皇太子《ひつぎのみこ》、片岡《かたおか》に遊行《い》でます。時《とき》に飢　者《うえたるひと》、道《みち》の垂《ほとり》に臥《こや》せり(横たわっていた)。

仍《よ》りて姓名《かばねな》を問《と》ひ《(い)》たまふ《(う)》。而《しか》るに言《まう》さず。皇太子《ひつぎのみこ》、視《みそな》して飲物与《おしものあた》へ《(え)》たまふ《(う)》。即《すなわ》ち衣装《みけし》を脱《ぬ》ぎたまひ《(い)》て、飢者《うえたるもの》に覆《おお》ひ《(い)》て言《のたま》は《(わ)》く、『安《やす》らかに臥《ふ》せれ』とのたまふ《(う)》。則《すなわ》ち歌《うた》ひ《(い)》て曰《のたま》は《(わ)》く、

しなてる　片岡山《かたを(お)かやま》に　飯《いひ(い)》に飢《ゑ(え)》て　臥《こや》せる　その旅人《たびと》あは《(わ)》れ　親無《おやな》しに　汝《なれ》
生《な》りけめや　さす竹《たけ》の　君《きみ》はや無《な》き　飯《いひ(い)》に飢《ゑ(え)》て　臥《こや》せる　その旅人《たびと》あは《(わ)》れ」

しなてる、さす竹＝枕詞《まくらことば》　君はや無き＝やさしい恋人はいないのか

この物語をもとに万葉集に太子の和歌として次の一首がのせられた。

家《いへ(え)》にあらば　妹《いも》が手《て》まかむ《(ん)》　草枕《くさまくら》
旅《たび》に臥《こや》せる　この旅人《たびと》あは《(わ)》れ

家にいたならば妹(妻)の手を枕にしただろうが、旅に出たために倒れて草を枕にしているこの旅人が哀れである。

太子が人間としてあらゆる点で傑出《けっしゅつ》し、ことに慈《いつく》しみに満ちた人であったかをのべる為に、その象徴的物語として『日本書紀』にのせられたのである。

聖徳太子は政治・外交・宗教・経済・社会事業・学問思想・芸術文化等のあらゆる方面において到底人間業《とうていにんげんわざ》とは思われない能力と指導性《しどうせい》・実践力《じっせんりょく》を発揮《はっき》して皇国《こうこく》日本の救済《きゅうさい》と再生《さいせい》に生涯を捧《ささ》げ、生前《せいぜん》すでに生神様《いきがみ》、聖王《ひじりのおおきみ》と崇敬《すうけい》、仰慕《ぎょうぼ》された古代日本を代表する特別の人物であった。そのような人物の存在と事業は決して忘れ去られるものではないから、後世に絶大《ぜつだい》な影響と感化《かんか》を与えずにはおかず、今日に及ぶ太子信仰となったのである。

これまで多くの日本人は、聖徳太子といえば「和」の精神を伝えた偉い人、法隆寺の創建者《そうけんしゃ》、古代の代表的人物とただ漠然《ばくぜん》と思うだけで、太子の真《しん》の偉大《いだい》さにつき腹の底から理解できずにきたのである。限りなく高く深く巨大な人物の真《しん》の姿は凡眼《ぼんがん》(平凡《へいぼん》な眼識《がんしき》)にはなかなか見えにくいのである。聖徳太子はわが国を代表する大偉人として国史において永遠に讃《たた》えられるべき人物なのである。

参考文献

『日本書紀㈣』岩波文庫　平成7年
『聖徳太子全集』全四巻　聖徳太子奉讃会監修　臨川書店　昭和63年
『聖徳太子集』日本思想大系2　岩波書店　昭和50年
『聖徳太子』（日本の名著2）　中央公論社　昭和45年
『法華義疏（上下）』花山信勝校訳　岩波文庫　昭和50年
『上宮聖徳法王帝説』東野治之校注　岩波文庫　平成25年
『書き下し・聖徳太子伝暦』吉田英哲・奥田清明監修　世界聖典刊行協会　平成7年
『聖徳太子御伝』（『虚心文集』第二所収）　黒板勝美　吉川弘文館　昭和14年
『物語日本史（上）』平泉澄　講談社学術文庫　昭和54年
『聖徳太子と憲法十七条』花山信勝　大蔵出版　昭和51年
『聖徳太子』坂本太郎　吉川弘文館　昭和54年
『仏教哲理』筧克彦　有斐閣書房　明治44年

『聖徳太子』中村元　春秋社　平成10年
『聖徳太子』高島米峰　明治書院　昭和23年
『聖徳太子―本当は何がすごいのか』田中英道　育鵬社　平成29年
『聖徳太子虚構説を排す』田中英道　ＰＨＰ研究所　平成16年
『聖徳太子は暗殺された』田中英道　育鵬社　令和5年
『美しい「形」の日本』田中英道　ビジネス社　平成15年
『日本の歴史―本当は何がすごいのか』田中英道　育鵬社　平成14年
『日本美術全史』田中英道　講談社学術文庫　平成14年
『英国人記者が見た世界に比類なき日本文化』ヘンリー・ストークス
祥伝社新書　平成17年
『聖徳太子信仰の成立』田中嗣人　吉川弘文館　昭和58年
『聖徳太子信仰とは何か』榊原史子　勉誠出版　令和3年
『聖徳太子』東野治之　岩波ジュニア新書　平成19年
『法隆寺と聖徳太子』東野治之　岩波書店　令和5年

『聖徳太子』吉村武彦　岩波新書　平成14年
『変貌する聖徳太子』吉田一彦編　平凡社　平成21年
『和国の教主　聖徳太子』本郷真紹編　吉川弘文館　平成14年
『聖徳太子の仏法』佐藤正英　講談社新書　平成16年
『聖徳太子と飛鳥仏教』曾根正人　吉川弘文館　平成19年
『聖徳太子と斑鳩三寺』千田稔　吉川弘文館　平成28年
『法隆寺―美術史研究のあゆみ』大橋一章・片岡直樹　里文出版　平成31年
『聖徳太子―「和の心」の真実』産経新聞取材班　産経新聞大阪本社　令和4年
『法隆寺』小学館　令和4年
『聖徳太子と四天王寺』四天王寺教学研究所編　四天王寺　昭和59年
『「日本教」をつくった聖徳太子のひみつ』井沢元彦　ビジネス社　令和3年
『もっと知りたい法隆寺の仏たち』金子啓明　東京美術　平成22年
『叡尊・忍性』和島芳男　吉川弘文館　昭和34年
『法華経（上中下）』坂本幸男・岩本裕訳注　岩波文庫　昭和37〜42年

『法華経』大角修訳・解説　角川ソフィア文庫　平成30年
『法華経を読む』鎌田茂雄　講談社学術文庫　平成6年
『観音経講話』鎌田茂雄　講談社学術文庫　平成3年
『法華経解釈』谷口雅春・佐藤勝美　日本教文社　昭和40年
『維摩経・勝鬘経』大角修訳・解説　角川ソフィア文庫　令和4年
『維摩経講話』鎌田茂雄　講談社学術文庫　平成2年
『維摩経解釈』谷口雅春　日本教文社　昭和44年

ほか

第二話

昭憲皇太后

――全国民の慈母として

昭憲皇太后

嘉永２年（1849）～大正３年（1914）
明治天皇の皇后。左大臣・一条忠香の三女。沼津御用邸にて崩御。明治天皇と共に明治神宮の祭神。陵墓は伏見桃山東陵。
（明治神宮所蔵）

1、明治天皇とともに

類《たぐい》なき天性《てんせい》

明治天皇は近代日本が非西洋民族中ただ一つ真《しん》の独立を全《まっと》うし世界的飛躍《ひやく》を遂《と》げる上に、国家国民統合《とうごう》（ひとつにまとめること）の核心《かくしん》（物事の中心となること）であった（『日本の偉人物語5』参照）。もし明治天皇が存在しなかったならば、光輝《こうき》ある明治の躍進《やくしん》は決してあり得《え》なかったであろう。この偉大なる明治天皇が心から敬愛《けいあい》してやまなかったお后《きさき》が昭憲皇太后《しょうけんこうたいごう》（大正三年、皇太后として崩御《ほうぎょ》された後「昭憲皇太后」と申し上げた）である。

昭憲皇太后は嘉永《かえい》二年（一八四九）四月十七日、左大臣一條忠香《さだいじんいちじょうただか》の三女として誕生された。一條家は五摂家《ごせっけ》（摂政《せっしょう》・関白《かんぱく》にまでなることの出来る最高の五つの公家《くげ》。ほかに近衛《このえ》・鷹司《たかつかさ》・九條《くじょう》・二條《にじょう》）の一つである。御名は富貴君勝子《ふきぎみかつこ》、後《のち》に壽栄君《すえぎみ》、入内《じゅだい》（皇后として内裏《だいり》〈朝廷《ちょうてい》〉に入ること）後は美子《はるこ》と申し上げた。

昭憲皇太后は類稀《たぐいまれ》な高貴《こうき》な人柄《ひとがら》と天性《てんせい》の素質《そしつ》・才能を授《さず》かってお生まれになった。誕生の際《さい》、朝廷陰陽寮《ちょうていおんようりょう》の暦博士《こよみはかせ》は、「この姫《ひめ》さんは高貴の上にも高貴な相《そう》がおありです」と忠香にのべている。

忠香には一人の男子と三人の娘それに二人の養女《ようじょ》がいたが、子女《しじょ》の教育に特に心を配った。この五人の娘の中で壽栄君は、人品《じんぴん》も聡明《そうめい》さも際立《きわだ》っていた。姫《ひめ》君達《ぎみたち》は『古事記《こじき》』『日本書紀《にほんしょき》』『万葉集《まんようしゅう》』『古今集《こきんしゅう》』『新古今集《しんこきんしゅう》』などの国史《こくし》・国《こく》学《がく》、四書五経《ししょごきょう》（『論語《ろんご》』『大学《だいがく》』『中庸《ちゅうよう》』『孟子《もうし》』と『書経《しょきょう》』『易経《えききょう》』『詩経《しきょう》』『礼《らい》記《き》』『春秋《しゅんじゅう》』）等《など》の儒教漢学《じゅきょうかんがく》、和歌《わか》作り、書道、茶道《さどう》、華道《かどう》、琴《こと》、礼儀作法《れいぎさほう》等々《とうとう》、教師について学んだが、いずれにおいても一番年下の壽栄君がとび抜けた才能を示した。壽栄君は師匠《ししょう》の教えによく従い一心《いっしん》に勉学《べんがく》に励んだ。姫君達に教えた若《わか》江薫子《えにおこ》という和漢の学に通じたすぐれた女性はこう讃嘆《さんたん》している。

「一を聞いて十を知るとは壽栄君さんのこと。学問から琴、茶道、花、書道すべてがずば抜けて秀《ひい》でておいでて……」

忠香は深窓《しんそう》（身分《みぶん》の高い家）に育ちめったに外に出ることの出来ない娘たちの為に、屋敷内に物見《ものみ》の高台《たかだい》を作ってやった。この高台から都の有様《ありさま》を見せて、人々の暮しの一端《いったん》が少しでもわかるようにとの配慮《はいりょ》からである。

姫君達は喜んで高台に登《のぼ》り、京の都のさま、大路《おおじ》、小路《こうじ》を歩く人々を飽《あ》かずにながめた。ある日、壽栄君は高台の北側にある大きな建物に目をとめた。その建物は朝廷《ちょうてい》が病気で苦しむ貧しい人々の為に設《もう》けた施薬院《せやくいん》（当時の病院）である。そこにみすぼらしい身《み》なりの病人が杖《つえ》をついて来たり、あるいは背負《せお》われた老人などが頻繁《ひんぱん》（数多いこと）に出入《でい》りしていた。まだ幼《おさな》い壽栄君はこのような不幸な人々がこの世に沢山《たくさん》いることをはじめて知り驚くとともに、小さな胸を痛めそれらの人々に対して深く憐《あわれ》み、目に涙を浮かべ心から同情《どうじょう》し手を合わせて祈った。

「可哀《かわい》そうなお人《ひと》が仰山《ぎょうさん》（たくさん）いますんやなあ。みな早《はよ》うに、およしよし（健康になること）さんになりますように」

この人々への思いやりの厚さ、仁愛《じんあい》、慈悲《じひ》のお心の深さこそ天性《てんせい》であった。壽《す》栄君《えぎみ》は屋敷内で働く使用人《しようにん》、女中衆《じょちゅうしゅう》からも慕《した》われた。廊下《ろうか》などですれ違うたびに、必ずにっこりと微笑《ほほえ》み返礼《へんれい》する姫に対して女中らはみな、「壽栄君《すえぎみ》さんにお会いした日は、一日幸せな気分《きぶん》」と喜んだ。

壽栄君は人柄、才能ともに卓越《たくえつ》（群を抜いてすぐれていること）していたのみならず、容姿《ようし》も申し分なかった。細《ほそ》おもての顔《かんばせ》はただ美しいというだけではなく、気品《きひん》に溢《あふ》れ神々《こうごう》しさが漂《ただよ》っていた。このような姫君だから十二、三歳ごろより、あちこちから縁談《えんだん》が殺到《さっとう》した。その一つ、彦根《ひこね》の井伊《いい》家は「一條家の財政《ざいせい》をすべて引き受けるゆえに、ぜひとも壽栄君を」と懇望《こんもう》（心をこめて願うこと）したが、忠香《ただか》は姫を手放《てばな》そうとしなかった。やがて壽栄君のことが孝明《こうめい》天皇のお耳に達《たっ》した。天皇は皇太子《こうたい》祐宮《しさちのみや》（後の明治天皇）のお妃《きさき》はこの姫以外になしと内定《ないてい》されたのである。

「美宮《はるみや》さん」「あなた」と敬愛された明治天皇

壽栄君が皇太子祐宮に初めてお目見《めみ》えしたのが慶応《けいおう》三年（一八六七）十九歳の時で、祐宮は十六歳だった。父の忠香《ただか》は四年前、実母《じつぼ》は八歳の時に亡《な》くなっていた。祐宮は初対面《しょたいめん》の時から壽栄君をいたく気に入られた。入内《じゅだい》は明治元《がん》年（一八六八）十二月、行われた。

このとき壽栄君は明治天皇より「美子《はるこ》」というお名前を頂《いただ》いた。以後四十四年間、明治天皇と美子皇后は終生《しゅうせい》お互いに敬愛《けいあい》の誠《まこと》を尽《つ》くされた。天皇の皇后に対する呼びかけは、いつも親しみをこめて「美宮《はるみや》」「美宮さん」「あなた」である。皇后への言葉遣《づか》いは愛情のこもったごく丁寧《ていねい》なものであった。お二人の仲睦《なかむつ》まじさは、女官《じょかん》たちの語《かた》り草《ぐさ》となった。明治五年、天皇は初めて国内を二ヵ月間近くご巡幸《じゅんこう》（天皇が国内を見て回ること）なされた。天皇は皇居《こうきょ》にとどまる皇后をしのばれて旅先で次のお歌を詠《よ》まれた。

玉《たま》くしげ　あけぬくれぬと　思ひ《(い)》つつ
　恋《こ》ふ《(う)》る人《ひと》こそ　見まくほしけれ

玉くしげ＝「あけぬ」にかかる枕詞《まくらことば》
毎日、明けても暮れても美子皇后が恋しく思われて切《せつ》に会いたいとの心持ちを詠《よ》まれたもの。

言《こと》の葉《は》に　こころの底《そこ》を　もらしかね
　しのびてつらき　思ひ《(い)》なりけり

美子皇后を深く思う心の内を口外《こうがい》できず、それに耐《た》えしのぶことのつらさを詠《よ》まれたお歌。

松風《まつかぜ》の　吹《ふ》く音聞《おとき》きて　わがこころ
　恋《こ》ひ《(い)》しき人《ひと》を　おもふ《(う)》なりけり

松風の吹く音を聞くと、私の帰りを待つ皇后のことが切《せつ》に恋しく思われる。

都《みやこ》出《い》でて　草《くさ》の枕《まくら》の　旅寝《たびね》にも
恋《こひ(い)》しき人《ひと》を　おもふ《(う)》なりけり

二ヵ月の巡幸中、ひたすら「恋しき人」美子《はるこ》皇后を思い続けられたのである。

時に天皇二十一歳、皇后二十四歳。旅寝《たびね》の空の下《した》、明治天皇が美子皇后をいかに恋しく思われたことか。実《じつ》に初々《ういうい》しい相聞《そうもん》（男女・親子などの間の相手を深く思う心をうたう歌）の歌である。お二方の間柄《あいだがら》は俗世間《ぞくせけん》の言葉を使うならば「熱々《あつあつ》の仲」

皇后が赤坂仮御所の庭を散策される光景
（「初雁の御歌」鈴木清方画　明治神宮外苑 聖徳記念絵画館蔵）

で、まわりの女官《じょかん》たちはあてられ通しであったのである。

明治天皇は美子《はるこ》皇后のこの上ない高貴《こうき》な品性《ひんせい》・人格《じんかく》と並はずれた聡明《そうめい》さに対して心からの尊敬と親愛の念《ねん》を憚《はばか》ることなく表明《ひょうめい》されて後年《こうねん》こうのべられている。

「美宮《はるみや》はわしより賢明《けんめい》じゃ」

「皇后はやさしいお顔で、理《り》（道理《どうり》・理性《りせい》）で物事を考えられる。わしはこれまで何《なん》度《ど》か教えられることがあった」

明治天皇は常に「わし」と自称《じしょう》された。明治天皇がいかに英明無比《えいめいむひ》（並びなくすぐれて賢いこと）の偉大な天皇であったかは、『日本の偉人物語5』でのべた通りである。欧米人は「明治大帝《めいじたいてい》」と絶讃《ぜっさん》したほどである。その天皇がこうたたえられたのである。

ご壮年時《そうねんじ》、明治天皇は伊藤博文《いとうひろぶみ》など政府首脳《しゅのう》の言動《げんどう》や上奏《じょうそう》（天皇に意見などを申し上げること）に対して、御心《みこころ》に叶《かな》わず時《とき》に立腹《りっぷく》されることがあった。伊藤らは恐縮《きょうしゅく》してどうしてよいか困惑《こんわく》してしまう。そのようなとき、美子皇后はいとも謙虚《けんきょ》な態度を失なわずに、懇々《こんこん》と条理《じょうり》（道理）を尽《つ》くしておとりなしをなされるのである。その際《さい》、天皇はこれを素直《すなお》にお聴《き》きになりお気持ちを和《やわ》らげられて、奏《そう》請《せい》（天皇に上奏してご裁可《さいか》を請《こ》うこと）した通りにご裁可なされた。ご自身の方が間違っていたと思われたときは、いさぎよく「わしの誤りであった」と認められた。明治天皇はかくも美子皇后を真《しん》に敬愛され心から信頼されたのである。

美子皇后は生涯《しょうがい》撓《たゆ》まざる修養《しゅうよう》と勉学《べんがく》を積《つ》まれて、明治天皇に対して終始《しゅうし》慎《つつし》みと畏敬《いけい》（畏《かしこ》み敬《うやま》うこと）、誠《まこと》の心をもってお仕《つか》えした。次の話が残されている。あるとき天皇はある漢字につき、「何々の字はどう書くのか」とお尋《たず》ねになった。学問が広く深い皇后は何《なん》でも知っているからである。しかし皇后は知っていても即答《そくとう》されず、字典《じてん》などを取りよせられて「書物《しょもつ》にはかように記載《きさい》してありますから、こう書くのが正しいかと存《ぞん》じます」とつつましくお答えになるのが常であった。決して知ったかぶりをされずに、天皇陛下のおたずねに決して誤りなきよう努《つと》められたのである。

生涯のご勉学
――十二徳のお歌

皇后陛下は入内後《じゅだいご》もさらに撓《たゆ》みなく学問に励まれた。明治天皇は侍講《じこう》（天皇に学問・倫理道徳《りんりどうとく》をご進講《しんこう》する人物）の元田永孚《もとだながざね》、福羽美静《ふくばよししず》、加藤弘之《かとうひろゆき》らから和漢洋《わかんよう》（日本・シナ・西洋）の学問の講義《こうぎ》を長年月間《ちょうねんげつかん》受けられたが、皇后陛下も女官《じょかん》とともにこれら侍講のご進講を受けられた。皇后陛下がいかに真剣に学ばれたかにつき、加藤弘之はこうのべている。

「皇后陛下は維新《いしん》当時において既《すで》に卓越《たくえつ》した女性でいらっしゃった。週に二回進講に奉仕《ほうし》したが、一條家の頃から相当のご修養《しゅうよう》を積まれたのであろう。大抵《たいてい》のことはお解《わか》りになる。特に記憶《きおく》に優《すぐ》れておられ、女官方は足許《あしもと》にも及《およ》ばない。ご賢徳《けんとく》（賢明にして徳が高いこと）の深さに驚嘆《きょうたん》するばかりであった」

また長年《ながねん》、宮内大臣《くないだいじん》をつとめた土方久元《ひじかたひさもと》はこうのべている。

「昭憲皇太后ほど和漢《わかん》の書を多く読んだ人はあるまいと思う。従って博学多識《はくがくたしき》であらせられたことは申すまでもないが、それにもかかわらず常にその博学をお顔色やお言葉の上につゆ（少しも）お現しになることがなかった」

明治九年、皇后陛下は侍講元田永孚から、アメリカ人ベンジャミン・フランクリンが徳を研《みが》き品性《ひんせい》を高めるために、十二の徳目《とくもく》を壁《かべ》に掲《かか》げ日常自戒《じかい》に努《つと》めたことをお聴《き》きになり深い感銘《かんめい》を受けられた。そこで十二の徳目について一首ずつ和歌を詠《よ》まれて実践《じっせん》に努められた。二十八歳の時である。

節制《せっせい》

花《はな》の春《はる》も　もみぢ（じ）の秋《あき》の　さかづ（ず）きも
　ほとほどにこそ　くままほしけれ

くままほしけれ＝酌《く》みたいものです

春の梅や桜、秋の紅葉《もみじ》の佳節《かせつ》、人々はそれらのもとで楽しく飲食《いんしょく》をするが、際限《さいげん》なく飲み騒いだりすることは慎《つつし》みたいものです。

清潔《せいけつ》

白妙《しろたへ(え)》の　ころものちりは　拂《はら》へ(え)ども
　うきは心の　くもりなりけり

うき＝憂《う》き、憂《うれ》うべきこと。

衣服《いふく》の塵《ちり》は払ったり洗濯《せんたく》することはできても、心のくもり、汚《よご》れは簡単には払いきよめることができない。皇后はこうして常にご自分を反省なされた。

勤労《きんろう》

みがかずば　玉《たま》の光《ひかり》は　いでざらむ(ん)
　人《ひと》のこころも　かくこそあるらし

宝石はみがかれることにより光り輝く。人間の心も同様《どうよう》で常に努力を傾《かたむ》けてみがき続けて立派な人格を築《きず》かねばならない。

沈黙《ちんもく》

すぎたるは　及《およ》ばざりけり　かりそめの
　言葉《ことば》もあだに　ちらさざらなむ（ん）

あだに＝真心がないこと。いい加減《かげん》なこと。

人間生活の根本は言葉である。言葉がいかに大切かをのべられている。言葉を慎《つつし》むこと。言葉をよくよく考えて発すべきこと。失言《しつげん》、過言《かごん》はとりかえしがつかない。人間関係がうまくゆくのもゆかないのも結局は言葉である。皇后陛下は寡言《かげん》（言葉が少ないこと）であった。

確志《かくし》（確固とした志）

人ごころ　かからましかば　白玉《しらたま》の
　またまは火にも　やかれざりけり

白玉＝白色の美しい玉・美しい心を意味する。**またま**＝真魂《またま》、人間の魂、真心。

人の志《こころざし》が確固《かっこ》不動《ふどう》であるならば、人間の魂は火にも焼かれることなく不滅《ふめつ》である。

誠実《せいじつ》

とりどりに　つくるかざしの　花もあれど
　にほ《(お)》ふ《(う)》こころの　うるは《(わ)》しきかな

かざし＝草木の花や枝を髪にさして飾《かざ》りとするもの

美しいかざしよりももっと美しく匂《にお》うものこそ人の真心《まごころ》、まことの心です。

温和《おんわ》

みだるべき　をりを《(お)》ばおきて　花桜《はなさくら》
　まづ《(ず)》ゑ《(え)》むほどを　ならひ《(い)》てしがな

桜の花の散《ち》り際《ぎわ》よりも、蕾《つぼみ》が咲きほころびようとする時の人の心をほぐすようなやさしさにこそ習いたいものです。

謙虚《けんきょ》

高山《たかやま》の　かげをうつして　ゆく水の
　低きにつくを　心ともがな

がな＝願望《がんぼう》を示す助動詞

気高《けだか》く偉大なるものを常に仰《あお》ぎ敬《うやま》い心に抱《いだ》きつつ、あくまで誠を尽くして慎《つつし》み謙虚《けんきょ》な心をもって生きることに努《つと》められた皇后陛下ならではのお歌。

順序《じゅんじょ》

おくふかき　道もきは《（わ）》めむ《（ん）》　ものごとの
　本末《もとすゑ（え）》をだに　たがへ《（え）》ざりせば

本末＝物事の大本《おおもと》と末、順序。

どんなに奥深く困難な道でも、物事の本末、順序を誤らなければ、いつか極めることが出来る。

節倹《せっけん》（節度《せつど》、節操《せっそう》を失わずつつましく生活すること）

呉竹《くれたけ》の　ほどよきふしを　たがへ《（え）》ずば
　末葉《まつば》の露《つゆ》も　みだれざらまし

呉竹＝「節《ふし》」にかかる枕詞《まくらことば》　**末葉の露**＝子孫

分《ぶん》に応《おう》じた節度《せつど》ある生活を心がけるならば、子孫も長く幸せに栄えることであろう。

寧静《ねいせい》（ゆったりと心安らかなこと）

いかさまに　身《み》はくだくとも　むらぎもの
　心はゆたかに　あるべかりけり

むらぎも＝「心」にかかる枕詞　**ゆた**＝ゆったり、心安らか。

身《み》を粉《こ》にして働いているときも、心はいつもゆったりと安らかでありたいものです。

公義《こうぎ》（公《おおやけ》と道義《どうぎ》）
国民《くにたみ》を　すくはむ《（わん）》道《みち》も　近きより
　おし及《およ》ぼさむ《（ん）》　遠きさかひ《（い）》に

遠きさかひ＝遠いところ

国民を救う道もまず身近《みじか》なところから始め、段々にそれを遠くへ及ぼしてゆきたいものです。

いずれも皇后陛下の気高《けだか》い品性《ひんせい》と深い知性《ちせい》を示すすぐれたお歌である。陛下の和歌の素養《そよう》（平素《へいそ》からやしなった教養《きょうよう》）は明治天皇に劣らなかった。この十二徳のお歌は明治四十四年、小学校の修身《しゅうしん》（道徳）の教科書にのせられて児童に教えられた。

明治十七年十一月、皇后陛下はこれまで進講《しんこう》を受けた元田永孚《もとだながざね》、副島種臣《そえじまたねおみ》、高《たか》崎正風《さきまさかぜ》、谷干城《たにたてき》、西村茂樹《にしむらしげき》の五名を赤坂御苑《あかさかぎょえん》に招き、お手《て》ずから酌《しゃく》をなさりながら彼らを厚くいたわられた。元田永孚はこの日の感激を日記にこう記している。

「十一月十二日、皇后陛下からお招きをいただき、苑内《えんない》の菊花《きくか》を拝観《はいかん》した。お茶屋《ちゃや》ではお手酌《てしゃく》でお酒を賜《たまわ》り、我々を『師匠《ししょう》』とお呼びになった。薄暗《うすぐら》くなるまで楽しくお話を交《かわ》しつつ、ただご恩《おん》の有難さに感激するばかりであった」

皇后陛下は天性《てんせい》の気高《けだか》い人格《じんかく》をもって生まれたが、生涯慎《しょうがいつつし》みと謙虚《けんきょ》さを堅持《けんじ》して元田永孚らを「師匠」と仰《あお》ぎつつ修養《しゅうよう》に次ぐ修養を積《つ》み重《かさ》ねられたのである。それゆえに元田らは深い感激を以《もっ》て、皇后陛下へのご進講に精根《せいこん》を傾《かたむ》け尽《つ》くしたのであった。明治の日本が偉大たり得《え》た所以《ゆえん》(理由)の一端《いったん》がここにある。

女子教育のご奨励《しょうれい》
――昭憲皇太后と東京女子師範学校・華族女学校

学問に精励《せいれい》されて修養に努められた皇后陛下は、女子教育にとりわけ深い関心を払《はら》われてその健全《けんぜん》な発展を強く望まれた。

明治八年、わが国初の高等女子教育機関である東京女子師範学校(現お茶の水女子大学）が創設《そうせつ》されたが、皇后陛下はお手許《てもと》金五千円（現在の約一億円）を下賜《かし》された。十一月、同校に行啓《ぎょうけい》（皇后・皇太后・皇太子・皇太子妃らが外出すること）、開《かい》業式《ぎょうしき》に臨《のぞ》まれ令旨《りょうじ》（お言葉）を賜《たまわ》った。

「女子教育の根柢《こんてい》（根源）を培益《ばいえき》（培《つちか》い養《やしな》うこと）せん為、去年此《きょねんこ》の校を設置有《せっちあ》らんとするを聞き嘉尚《かしょう》（喜び）に堪《た》えず。今経営既《いまけいえいすで》に成《な》り爰《ここ》に開業の典《てん》を挙《あ》ぐ。庶幾《こいねがわ》くは自今《じこん》（今より）、此校《このこう》の旺盛《おうせい》に赴《おもむ》き（発展を遂《と》げ）、遂《つい》に女教《じょきょう》（女子教育）の美果《びか》（うるわしい成果《せいか》）をして、全国に蕃結《ばんけつ》（広く普及《ふきゅう》して成果《せいか》を結ぶこと）するを観《み》んことを」

翌年、次のお歌を下賜された。

みがかずば　玉《たま》も鏡《かがみ》も　何《なに》かせむ《（ん）》
　まなびの道《みち》も　かくこそありけれ

宝石《ほうせき》も鏡もみがかれてこそその価値《かち》を発揮《はっき》する。学問の道も全《まった》く同じである。ひたすら学び自己の人格《じんかく》をみがくことに努《つと》めなさい。

このお歌はわが国初の校歌《こうか》となり、今日《こんにち》も歌い続けられている。皇后陛下の行啓は明治四十五年まで十一回に及んだ。その際《さい》、各学級を巡覧《じゅんらん》されるのみならず、付属《ふぞく》の小学校や幼稚園《ようちえん》にもおもむかれ、児童・園児《えんじ》の様子《ようす》を間近《まぢか》にご覧《らん》になられた。こうした行啓はまる一日が費《ついや》されることが多かった。またしばしばお手許金《てもときん》を下賜《かし》された。皇后陛下が女子教育にいかに深いお心を注《そそ》がれてやまなかったかがわかる。

明治十八年、華族《かぞく》女学校（現学習院女子中等科・高等科）が創設《そうせつ》された。この学校は旧公家《くげ》や旧大名家ら華族とよばれた名家《めいけ》の女子の為に設けられた。十一月十三日、開校式に行啓された皇后陛下は次のお言葉を賜《たまわ》った。

「此度新《このたびあら》たに華族女学校を設立《せつりつ》し今日その開校の式を挙《あ》ぐ。つらつら惟《おも》いみるに女子は人の母となるべきものにして、その子を誘掖薫陶《ゆうえきくんとう》（教え導き感化《かんか》を与えること）すべき天賦《てんぷ》（天・神よりさずけ与えられること）の本分《ほんぶん》あるものなれば、つとに各地女学校の設《もう》けあり。今また特に華族の為にこの校を新設《しんせつ》せり。されば入校の女子は諸科《しょか》の学術《がくじゅつ》に熟達《じゅくたつ》（上達《じょうたつ》すること）し、その本分をつくさん事に力《つと》むべく、またその教官は女子教育の大任《たいにん》を思い勉《つと》めて教授《きょうじゅ》の方法に注意し、時を減らし労《ろう》を省《はぶ》かしめて速《すみや》かにその学科の要領《ようりょう》（物事の大切なところ）を得《え》せしむべし」

明治二十年、皇后陛下は次のお歌を同校に賜《たまわ》った。

金剛石《こんごうせき》

金剛石もみがかずば
珠《たま》のひかりはそはざらむ（わ）（ん）
人もまなびてのちにこそ
まことの徳はあらはるれ（わ）
時計のはりのたえまなく
めぐるがごとく時のまの
日かげをしみてはげみなば（お）
いかなるわざかならざらむ（ん）

金剛石＝ダイヤモンド　**珠**＝宝石　**日かげ**＝時間・年月

水は　器《うつは(わ)》

水はうつは《(わ)》にしたがひ《(い)》て
そのさまざまになりぬなり
人はまじは《(わ)》る友により
よきにあしきにうつるなり
おのれにまさるよき友を
えらびもとめてもろともに
こころの駒《こま》にむちうちて
まなびの道にすすめかし

駒＝馬。「こころの駒にむちうつ」とは、煩悩《ぼんのう》や欲情《よくじょう》、心の乱れをよく抑《おさ》えること。

東京女子師範学校に賜《たまわ》ったお歌と同じ趣旨《しゅし》である。すべての人間の内に宿る「珠のひかり」つまり人間の本質・本性、宗教的に言えば「神性《しんせい》・仏性《ぶっしょう》」を深く自覚して、一心不乱《いっしんふらん》に学び努めることにより、「まことの徳」がみがかれてあらわれてくる。その為には良き友を選び求めて怠《おこた》ることなく互いにみがき合うべしと懇切《こんせつ》に教え諭《さと》されている。

このお作《さく》は作曲されて同校で歌われるのみならず、戦前の小学校において唱《しょう》歌《か》として愛唱《あいしょう》された。明治天皇はこのお歌をとても愛好《あいこう》されて、お酒を召《め》されて陶然《とうぜん》(うっとりすること)となった時など、しばしば皇后のおそばで琵琶《びわ》をひかせて、「金剛石も……」と大きな声で歌われた。お妃《きさき》様の作られた唱歌を天皇陛下が楽しく歌われたのである。明治天皇が美子《はるこ》皇后をいかに敬愛されていたかわかる。

その後、皇后陛下はしばしば同校へおとずれになった。多い年は四、五回もあった。生涯《しょうがい》約五十回に及んだ。午前中から夕方まで授業《じゅぎょう》をご覧《らん》になることも稀《まれ》ではなかった。教授をつとめた下田歌子《しもだうたこ》はこうのべている。

「まったく御所《ごしょ》のお敷地内《しきちない》に学校が出来た(当初《とうしょ》、華族女学校は赤坂仮皇居《かりこうきょ》に近接《きんせつ》していた)ようなお気持で、陛下もお気軽《きがる》にお出ましになられたのでしょう。時には当日の朝になり『午後より行啓《ぎょうけい》』とご内達《ないたつ》(内々の達《たっ》し、通知《つうち》)がある場合があり、失礼ながら平常《へいじょう》のままお迎え申し上げるようなこともありました。陛下は校内を隅々《すみずみ》までご覧《らん》になり、ご昼食後、終日《しゅうじつ》学校で過ごされることもありました。生徒の学習状態についても興味《きょうみ》深く熱心《ねっしん》にご覧になり、ご注意のお言葉を賜《たまわ》ることもございました。日本の女子教育が今日《こんにち》のように発展したのは、昭憲皇太后が教育上の指標《しひょう》(目じるし、目標)を賜《たまわ》ったからに違いありません。女子教育の草創期《そうそうき》(開始のころ)を追想《ついそう》(あとから想うこと)して、坤徳《こんとく》(昭憲皇太后のご聖徳《せいとく》)の有難さにただ感泣《かんきゅう》するばかりです」

皇后陛下の華族女学校への厚い思いを記した文章が残されている。その一部。

「やがて室毎《しつごと》にいたりて授業を見るに、幼《おさな》き子の何心《なにごころ》もなくうち笑《え》みつつ心やすげに教えをうくる、いとろうたげなり(立派、素晴らしいの意)。かかるほどより学びてこそはと末《すえ》たのもし。また、ねびととのいたるかた(成熟《せいじゅく》してしっかりしたおとなの感じになった高学年の生徒との意)はあからめ(ちよっと目をそらす。気をちらすこと)もせず、ひたすらにまなびの道に心をいれためり(心を尽《つ》くしているようだ）。わざのすすみたらん後《のち》（学業が進んだ後）は、かならず世のかがみ（鑑《かがみ》・模範《もはん》）ともなるべきが多からんとおぼゆる（思われる）うえに、立居振舞《たちいふるまい》などのつゆ（少しも）男《おとこ》さびたるさま（まるで男のような荒《あら》っぽい様子、女性らしいしとやかさに欠けること）なく、なつかしげ（心がひかれる、親しみがもてる、いとしい、かわいらしい）に見ゆることこそうれしけれ」

皇后陛下がいかに女子教育を重《おも》んじ、立派な日本女性をいつくしみ育《はぐく》まんと願われたか、そのお心がひしひしと伝わってくる。明治三十二年、華族女学校を行啓《ぎょうけい》されたとき、次のお歌を詠《よ》まれた。

花になれ　実《み》をもむすべと　いつくしみ
　おほ（お）したつらむ　やまと撫子《なでしこ》

おほしたつ＝生《お》おし立つ。養い育て上げる。　やまと撫子《なでしこ》＝日本女性

花も実もある清らかでうるわしい立派な日本女性となるべき生徒たちを、いつくしみ育てあげてほしい。

わが国初の女子留学生への励まし
――「珠玉《しゅぎょく》のような思い出」

明治四年、北海道開拓使《かいたくし》はアメリカへ女子留学生《りゅうがくせい》を派遣《はけん》した。選ばれた五人はみな士族《しぞく》の娘で、最年長が十五歳、最年少は八歳（津田梅子《つだうめこ》、現津田塾大学創立者）である。皇后陛下は出発前、彼女達を皇居に招いて励まされた。

五人の少女に会った陛下は、「まあ、こないに年端《としは》（年齢のほど）もゆかぬ子らが……」と嘆声《たんせい》を発せられたあと、次の餞《はなむけ》のお言葉を贈られた。

「よくぞ決心しました。見あげたものたちです。そなたたちが学成《がくな》り無事《ぶじ》帰る日を待っている親の気持を日夜《にちや》忘れずに励むように」

陛下は一人一人に懇《ねんご》ろなお言葉をかけられ、そのあと紅葉《こうよう》の美しい吹上御苑《ふきあげぎょえん》にお連《つ》れになった。しばらく故郷《ふるさと》を離れる娘たちへの思いやりであった。色鮮《いろあざ》やかな紅葉《もみじ》の錦《にしき》の中を少女とともに歩んでいた陛下は、山川捨松《やまかわすてまつ》（十一歳、後に大山巖《おおやまいわお》

夫人）の肩に手をかけられ、
「これ、捨松とやら言いましたな。母恋《ははこい》しゅうて心揺《こころゆ》らいでもせんない（しかたない）年《とし》でありましょうに」
とお言葉をかけられた。陛下の目は涙で一杯《いっぱい》であった。皇后様は自分らに対して親身《しんみ》で泣いて下さっていると思うと、捨松はたまらず「わあ」と声をあげて泣いた。四人も大声で泣いた。陛下の頰《ほお》にも涙がしたたり落ちた。

捨松は旧会津藩士《あいづはんし》で後の陸軍少将《しょうしょう》山川浩《ひろし》の妹である。「捨松」という変った名前は母がつけたものである。母はわずか十一歳の娘をアメリカに留学させることに悩みに悩んだ。人種も生活習慣も言葉も何もかも異《こと》なる白人の国に可愛い娘を出すことはよほどの覚悟を要《よう》した。今日《こんにち》でいえば違う星に旅立つようなものだ。そこで咲子《さきこ》という名を「捨松」に改めた。「捨てたつもりでアメリカにやるが、お前がお国の為に立派《りっぱ》に学問を修《おさ》めて帰る日を心から待っている」という意味で、親子は水盃《みずさかずき》を交《かわ》したのである。

捨松は国母《こくぼ》たる皇后陛下の涙の励ましを受けてアメリカで十一年間、日の丸を背負《せお》って勉学、大和《やまと》なでしこの名を恥ずかしめなかった。帰朝後、陸軍卿《りくぐんきょう》（大臣《だいじん》）大山巖と結婚、賢夫人《けんぷじん》として公私《こうし》にわたって活躍した。捨松はこの生涯《しょうがい》忘れがたい感激を、「私にとっては珠玉《しゅぎょく》（宝石《ほうせき》）のような思い出です」と語っている。

『明治孝節録《こうせつろく》』と『婦女鑑《ふじょかがみ》』

皇后陛下がこれほど女子教育にお心を注《そそ》がれたのは、明治天皇とお心をひとつになされていたからである。天皇は明治維新後の急激《きゅうげき》な欧化政策《おうかせいさく》（何事《なにごと》も欧米を手本として西洋文明をとりいれること）において、わが国の伝統《でんとう》精神がないがしろにされ、学校教育において「忠孝仁義《ちゅうこうじんぎ》」を根幹《こんかん》とする従来《じゅうらい》の倫理道徳《りんりどうとく》の教えが軽《かろ》んぜられていることに誰よりも憂慮《ゆうりょ》されて、伊藤博文《いとうひろぶみ》ら政府首脳《しゅのう》に注意《ちゅうい》を喚起《かんき》（よびおこすこと）したが、伊藤らは耳を傾けようとはしなかった。

そこで明治天皇はこのまま放置《ほうち》すれば日本人の倫理道徳が崩壊《ほうかい》する恐れがあることを深く危惧《きぐ》（おそれること）され直接《ちょくせつ》、時の内閣に指示《しじ》を下《くだ》されて、明治二十三年に発布《はっぷ》されたのが「教育勅語《きょういくちょくご》」であった。これによりわが国学校と家庭における倫理道徳教育は確固《かっこ》たる基盤《きばん》が据《す》えられて、それまで二十余年間の動《どう》揺《よう》がようやく収《おさ》まったのである。

明治天皇と憂《うれ》いを等《ひと》しくされていた皇后陛下は、明治の初年《しょねん》より「忠孝仁義」の徳育《とくいく》教育の大切《たいせつ》さを深く思われて、明治五年学制発布《がくせいはっぷ》直後、福羽美静《ふくばよししず》に道徳教育に役立つ書物の編纂《へんさん》を指示《しじ》された。かくして福羽が近藤芳樹《こんどうよしき》と協力して作り上げたのが、明治十年に刊行《かんこう》された『明治孝節録《めいじこうせつろく》』である。

しかし明治十年代、急激な欧化主義が絶頂《ぜっちょう》に達《たっ》して、女子教育もその影響を受けざるを得ない世情《せじょう》を深く憂慮《ゆうりょ》された皇后陛下は、女子の為の道徳教科書を作る必要を痛感《つうかん》された。そこで陛下は宮内省御用掛《くないしょうごようがかり》で後に華族女学校長《かぞくじょがっこうちょう》を勤めた西村茂樹《にしむらしげき》に、古今《ここん》のすぐれた女性の美徳《びとく》を編纂《へんさん》して女子修徳《しゅうとく》（徳を修めること）の書とするよう命ぜられた。

西村は孝行《こうこう》・貞節《ていせつ》・母道《ぼどう》・慈善《じぜん》などの徳目《とくもく》を掲《かか》げて広く和漢洋《わかんよう》（日本・シナ・西洋）の資料から選び抜いて、明治二十年『婦女鑑《ふじょかがみ》』という書物を編纂し刊行《かんこう》した。

皇后陛下は直ちにこの書を華族女学校の教科書として採用《さいよう》せしめた。時の皇后宮《こうごうぐう》大夫《だいぶ》杉孫七郎《すぎまごしちろう》はこの書の序文にこう書いている。

「女性は人の妻となったら才徳《さいとく》によって夫を助け、母となれば道義《どうぎ》をもって子供を教育しなければならない。立派な婦人があって初めて立派な家庭が起こり、有能な人材が育《はぐく》まれると言われる所以《ゆえん》である。古今内外《ここんないがい》の偉人伝をひもとけば、王様でも政治家でも学者でも農民でも商人でも、みな慈訓《じくん》(恵み深い母の教え)と陰《かげ》の助けがあって、立派な人格者《じんかくしゃ》に成長していることがわかる。つまり一人の女性の生き方が家庭を左右《さゆう》し、家庭のあり方が国の盛衰《せいすい》を決定するのであり、女性の責務《せきむ》は大変重いのである」

明治時代のわが国の政治指導者は自国の独立・民族の生存《せいぞん》という至上《しじょう》(この上ないこと)命令の為に、政治・外交・軍事・経済に最重点《さいじゅうてん》をおいたが、次代を担《にな》うべき国民・青少年の精神的道徳的教育の重要性に関してさほど顧《かえり》みず深い注意を怠《おこた》ったことが今日《こんにち》反省されるべき点である。こうした政治の欠陥《けっかん》を補《おぎな》われたのが、実《じつ》に明治天皇と昭憲皇太后であったのである。

2. 国母の慈愛

宮中養蚕《きゅうちゅうようさん》の始まり

新たに出発した明治日本国家の発展と隆昌《りゅうしょう》（勢いが盛んなこと、隆盛《りゅうせい》）こそ、皇后陛下が明治天皇とともに夢寐《むび》（眠って夢をみること）にも忘れざることであった。そのため皇后陛下はご自分の出来ることを模索《もさく》（手さぐりすること）され進んで実践《じっせん》された。大きく分けると女子教育・殖産興業《しょくさんこうぎょう》・慈善福祉《じぜんふくし》事業・美術工芸《びじゅつこうげい》の奨励《しょうれい》の四つである。次に殖産興業についてのべよう。

明治から昭和にかけて、わが国輸出品《ゆしゅつひん》の第一は生糸《きいと》(蚕《かいこ》の繭《まゆ》から取った糸)であった。つまり養蚕《ようさん》・製糸業《せいしぎょう》はわが国の主要産業《しゅようさんぎょう》の一つであり、国富増大《こくふぞうだい》の鍵《かぎ》を握《にぎ》っていたのである。皇后陛下はここに着目《ちゃくもく》されて明治四年、全《まった》くご自身の意《い》志《し》により宮中《きゅうちゅう》で養蚕を開始された。二十三歳の時である。

皇后陛下は皇居の吹上御苑内《ふきあげぎょえんない》に「御養蚕所《ごようさんじょ》」を設けられ、群馬県の専門家田島《たじま》武平《たけへい》が選んだ数名の養蚕婦《ようさんふ》を使って養蚕事業を始められた。陛下はしばしば蚕室《さんしつ》に来られて養蚕の状況をご覧《らん》になるのみならず、千五百疋《ぴき》余りの蚕児《さんじ》をお手許《てもと》に取り寄せ、御座所《ござしょ》近くにおいて飼育《しいく》された。養蚕の専門書をよく読まれて、田島武平の教えに耳を傾けられた。

「お蚕《かいこ》さんは人の心をよく知っております。お蚕をわが子のように慈《いつく》しむことが、よい蚕を育て良い繭《まゆ》をつくる秘訣《ひけつ》でございます」

田島とともにお手伝いした養蚕婦は後にこう語っている。

「女官方《じょかんがた》は気味悪《きみわる》がり尻《しり》ごみしますに、皇后さんは素手《すで》で毛蚕《けご》(蚕《かいこ》のこと)を広げられ、桑畑《くわばたけ》で一日三度四度とお手ずから桑の葉をとり、糞《ふん》や残桑《ざんそう》(食べ残りの桑)

の掃除《そうじ》までご寝食《しんしょく》の時間も惜《お》しまれなさいました。おなぐさみぐらいで見回《みまわ》られるだけと思ったのは申しわけないことでした」

この宮中養蚕において協力助力《きょうりょくじょりょく》したのが大蔵省高官の渋沢栄一《しぶさわえいいち》だが、こうのべている。

「私は二度ばかり紅葉山《もみじやま》（皇居内《こうきょない》）へ行って見て、桑を植える場所や養蚕する建物等を指定《してい》し、かつ指導者には田島武平がよかろうと田島を呼んで推薦《すいせん》したのである。田島は群馬県の人で、渋沢喜作《きさく》（栄一のいとこ）の妻およしの姉のおしげの夫で、喜作と義兄弟《ぎきょうだい》にあたる人である。この事は昭憲皇太后ご自身の思召《おぼしめ》しであったということで、宮内省から大蔵省へ（諸事《しょじ》取りはかるよう）言ってきたのである」

渋沢は当時、大蔵省をとりしきる有力者として活躍していたが、宮中養蚕においても皇后陛下の意《い》を体《たい》して尽力《じんりょく》したのである。

富岡製糸場行啓

わが国初の官営《かんえい》工場が明治五年に創設《そうせつ》された富岡製《とみおかせい》糸場《しじょう》（現群馬県富岡市に建てられた）である。同製糸場は繭《まゆ》から生糸《きいと》を繰《く》り取る西洋式の大規模な機械製糸工場であった。絹《きぬ》産業には、養蚕・製糸・絹織《きぬおり》の三工程《さんこうてい》があるが、製糸業は製糸工程が独立したものである。

この富岡製糸工場開設も大蔵省の担当で主任《しゅにん》として尽力《じんりょく》したのが渋沢栄一である。製糸場長に任命《にんめい》されたのは渋沢の妻の兄であり、青少年時の学問の恩師《おんし》だった尾高惇忠《おだかあつただ》である。富岡製糸場で作られた生糸は品《ひん》質《しつ》まことに精良《せいりょう》で素晴らしく輸出先において大好評《だいこうひょう》を博《はく》することになる。

富岡製糸場（国立国会図書館ウェブサイトより）

明治六年、皇后陛下は富岡製糸場をおとずれた。このとき英照皇太后《えいしょうこうたいごう》（孝明《こうめい》天皇皇后）も同行《どうこう》された。交通事情の悪い中、陛下は馬車《ばしゃ》にて五日間かけて到着《とうちゃく》され、英照皇太后とともに熱心に視察《しさつ》された。

当時、四百人ほどの工女《こうじょ》が働いていたが、わざわざ製糸場まで足を運ばれたことは、尾高場長始め工女たちにどれほど大きな悦びと励ましを与えたか計《はか》り知れない。この日、工女たちは紺《こん》がすりの仕着《しき》せ（仕事着）と小倉赤縞《こくらあかじま》の袴《はかま》をつけて、皆思い思いの襷《たすき》と手拭《てぬぐい》等《など》で美しく装《よそお》い、行啓《ぎょうけい》を楽しみにお待ちした。工女の一人は行啓の様子《ようす》を感激をこめてこう記している。

「糸を繰《く》ります所をご覧《らん》に入れました。二十分位その前に、両陛下お立ち遊《あそ》ばされましてご覧になりました。私はその頃未《いま》だ業《ぎょう》も未熟《みじゅく》でありましたが、一所懸命《いっしょけんめい》に切らさぬように気をつけておりました。初めは手が震《ふる》えて困りましたが、心を静めてようよう常の通りになりましたから、私は実《じつ》にもったいないことながら、この時龍顔《りょうがん》（皇后のお顔）を拝《はい》さねば生涯拝することは出来ぬと存《ぞん》じましたから、能《よ》く顔を上げぬようにして拝しました。この時の有難さ、只今《ただいま》まで一日も忘れたことはありませぬ。私はこの時、もはや神様とより外思《ほか》いませんでした」

このとき皇后陛下が詠まれたお歌が次のものである。

いとくるま　とくもめぐりて　大御世《おほ(お)みよ》の
　富《とみ》をたすくる　道《みち》ひらけつつ

とくも＝速く　大御世＝明治天皇の御代

この製糸場から多くの生糸《きいと》が作り出されることにより、皇国日本の産業が発展し富み栄えることが出来る。

富岡製糸場で作られた生糸は、翌明治六年に開催《かいさい》されたウィーン万国博覧会《ばんこくはくらんかい》に出品《しゅっぴん》されて世界的評価《ひょうか》を受けた。

皇后陛下の養蚕《ようさん》を通《とお》して殖産興業《しょくさんこうぎょう》を発展せしめんとの熱《あつ》き願いは、こうして叶《かな》えられていった。陛下の養蚕に対する深いお心は明治から大正・昭和・平成・令和へと、代々《だいだい》の皇后によって継承《けいしょう》され今日《こんにち》に至《いた》っている。現在、御養蚕所で飼育《しいく》されている蚕《かいこ》「小石丸《こいしまる》」から採《と》られる生糸《きいと》は、正倉院御物《しょうそういんぎょぶつ》の染色裂復元《せんしょくぎれふくげん》や絵巻《えまき》の修復《しゅうふく》に用《もち》いられ、文化遺産《ぶんかいさん》の保護《ほご》・継承という役割《やくわり》をも担《にな》っている。

富岡製糸場は昭和六十二年に操業《そうぎょう》が停止《ていし》されるまで百十五年間、わが国の絹産業の象徴《しょうちょう》（物事《ものごと》を代表してある形であらわすこと）として機能《きのう》（はたらき）を果《はた》した。煉瓦造《れんがづく》りの製糸場は日本近代化の「産業遺産」として平成二十六年、世界遺産に登録され国宝に指定《してい》された。

慈善・福祉事業
——日本赤十字社へのご愛念

次に慈善・福祉事業におけるご尽力《じんりょく》をみよう。明治十年の西南戦争の折《おり》、戦傷者《せんしょうしゃ》の救護《きゅうご》の為に設立《せつりつ》されたのが博愛社《はくあいしゃ》である。設立者は佐野常民《さのつねたみ》と大給恒《おぎゅうゆずる》である。この時、明治天皇と皇后陛下はお手許金《てもときん》を下賜《かし》された。またこの戦役中《せんえきちゅう》、陛下は英照皇太后《えいしょう》とともに包帯作《ほうたいづく》りに励まれたが、『昭憲皇太后実録〈上〉』にこう記されている。

「皇后並びに皇太后は戦闘《せんとう》によりて生《しょう》じたる多数の負傷士卒《ふしょうしそつ》に深く御哀憐《ごあいれん》（かなしみあわれむこと）の情《じょう》を垂《た》れさせ給《たま》い、その治療《ちりょう》に用《もち》うる綿撒糸《めんざんし》（包帯）をお手ずから製《せい》したまい、また女官《じょかん》をもこれに従事《じゅうじ》せしめらる。尚傷《なおきず》つきて病床《びょうしょう》に在《あ》る者には官賊《かんぞく》（官軍・賊軍）の別なく用《もち》いせしめよと御沙汰《ごさた》（ご指示）あらせられしと言う」

博愛社はその後、皇族《こうぞく》を総裁《そうさい》として戴《いただ》き事業を発展させた。皇后陛下は明治十六年以降、毎年お手許金を下賜された。明治十九年、落成《らくせい》した博愛社病院開院《かいいん》式《しき》に行啓《ぎょうけい》されて、博愛社総長有栖川宮熾仁親王《ありすがわのみやたるひとしんのう》、副総長佐野常民《さのつねたみ》・大給恆《おぎゅうゆずる》、病院長橋本綱常《はしもとつなつね》にあたたかいお言葉を賜《たまわ》った。

そのあと明治二十年、博愛社は日本赤十字社《せきじゅうじしゃ》と改称《かいしょう》、その社則《しゃそく》に天皇・皇后の保護《ほご》を受けることが明記《めいき》されて、皇室との密接《みっせつ》なつながりが確立《かくりつ》された。陛下は生涯《しょうがい》同社に多大《ただい》な支援《しえん》を惜しまれず、しばしば行啓され傷病者《しょうびょうしゃ》を慰問《いもん》された。また貧しい病患者《びょうかんじゃ》に対しては折々《おりおり》衣服《いふく》を下賜《かし》された。その際《さい》、詠《よ》まれたお歌。

あやにしき　とりかさねても　おもふ《（う）》かな
寒さおほはむ《（おわん）》　袖《そで》もなき身《み》を

あやにしき＝美しい衣服

やむ人を　きてみるたびに　おもふ《（う）》かな
みないえはてて　家にかへ《（え）》れと

いえはてる＝病いより回復する

皇后陛下は年少時《ねんしょうじ》、一條家《いちじょうけ》の高台《たかだい》から施薬院《せやくいん》に出入《でい》りする病気の人々に厚い同情と思いやりを持たれていたから、かくのごとく病いに苦しむ人々、不幸な境《きょう》遇《ぐう》の人々への慈悲《じひ》の念《ねん》がことのほか深く、愛情の限りを尽《つ》くされたのである。

皇后陛下のご仁慈《じんじ》は広く海外にも及んだ。明治四十五年、陛下は万国《ばんこく》赤十字連合に対して、平時《へいじ》救護《きゅうご》事業《じぎょう》奨励《しょうれい》基金《ききん》として十万円（現在の約二十億円ほど）を寄贈《きぞう》された。

さらに昭和九年、皇后陛下と貞明皇太后《ていめいこうたいごう》（大正天皇皇后）は、昭憲皇太后のご遺《い》志《し》を継承《けいしょう》されて十万円を贈られた。現在、国際赤十字においてこの二十万円のご下賜金《かしきん》は「昭憲皇太后基金《ききん》」とよばれ、世界の発展途上国《とじょうこく》の平和的目的に対して毎年有効《ゆうこう》に使われて今日《こんにち》に至っている。言うならば日本皇室による世界的福祉事業である。この「昭憲皇太后基金」の恩恵《おんけい》に預《あず》かっている国は、アジア・アフリカ・中南米のほとんど全てに及んでいる。これらの国々、人々からいかに大きな喜びと感謝をもってうけとめられているか、現在の日本人はほとんど知らない。わが国は明治四十五年(一九一二)から百年以上かくも尊《とうと》い博愛的事業につとめてきたのである。昭憲皇太后の広大無辺《こうだいむへん》のご仁愛は時を超え世界の人々に今なお降《ふ》り注《そそ》がれていることは、日本人が誇りとしてよいことではないか。

東京慈恵医院への庇護《ひご》

海軍軍医《ぐんい》高木兼寛《たかぎかねひろ》はイギリス留学中《りゅうがくちゅう》、同国において貧しい人々の為に無料で治療《ちりょう》を行う病院の活動が充実《じゅうじつ》していることに感銘《かんめい》を受けて帰国後の明治十五年、有志《ゆうし》とともに「有志共立《きょうりつ》東京病院」を設立《せつりつ》した。皇室はその意義に深い理解を示されて、六千円（現在の一億二千万円ほど）を下賜《かし》された。

その後、有栖川《ありすがわ》宮《のみや》熾仁《たるひと》親王妃《しんのうひ》を総裁《そうさい》に戴《いただ》き、上流階級の婦人に「婦人慈善《じぜん》会」が組織《そしき》された。この会は二年にわたり福祉慈善市《じぜんいち》（バザー）を開催《かいさい》、売上金一万五千円をこの病院に寄付《きふ》した。皇后陛下は英照皇太后とともにお出ましになり多額のお買上げをされた。

明治二十年、有志共立病院は、東京慈恵医院《じけいいいん》と改称《かいしょう》され、皇后陛下の庇護《ひご》の下《もと》におかれることになった。陛下は同医院に次のお言葉を賜った。現代文に訳して掲《かか》げる。

「病《やま》いは万《よろず》の苦しみを生《しょう》ずるもとであり、その不幸はとりわけ貧しい人々に大きい。それらの人々は病気になっても医師の治療《ちりょう》を受けられないので、治癒《ちゆ》すべき病いも癒《い》えず、その身《み》はもとより妻子《さいし》までも不幸に陥《おちい》ることはまことに哀《かな》しむべきことである。

わが皇室のご先祖の方々はこのような不幸の民を救うことに務められ、施《せ》薬院《やくいん》を設《もう》けて広く病気の人々を救助し養うべき所になし給《たま》い、天平宝治元年《てんぴょうほうじがんねん》(七五七)詔勅《しょうちょく》を出され越前国《えちぜんのくに》の墾田《こんでん》百町を以《もっ》て施薬院に与え、『私と衆生《しゅじょう》(国民)と永く病苦《びょうく》の憂《うれ》いをなくし、ともに長寿《ちょうじゅ》の楽《たの》しみを保《たも》たん』と念願《ねんがん》なされましたことは実《じつ》に有難い御事《おんこと》というべきである。

今や百事《ひゃくじ》、ご先祖《せんぞ》の歴代《れきだい》天皇の遺《のこ》された精神に従い、欧米の文明・制度をも採用《さいよう》する時に当《あた》りて、いまだ十分に貧しき人々に治療《ちりょう》を施《ほどこ》す設備《せつび》・病院がないことはまことに憾《うら》むべきことであるが、このごろ婦人慈善会委員たちが上奏《じょうそう》して有志共立病院を更に一層拡張《いっそうかくちょう》して、私の庇護《ひご》の下《もと》に置《お》こうと要請《ようせい》した。私ははなはだこれを悦《よろこ》ぶ。

しかるに今は古き時代と異《こと》なり、このような事柄《ことがら》にまで国家の収入を使うことは事情《じじょう》が許さないので、広く有志の力による以外にない。これ上下の者が慈善をともに施《ほどこ》すものにして、私が深く楽しむ所である。まずいささか手許金《てもときん》を寄付《きふ》して東京慈恵医院の費用に供《きょう》したい。朝廷《ちょうてい》も民間《みんかん》も、慈善会の婦人及び諸役人・一般国民たち、どうかこの趣旨《しゅし》をよく心に体《たい》して、天平《てんぴょう》の昔の詔勅《しょうちょく》のごとく、永《なが》く病者《びょうじゃ》の憂《うれ》いを滅《めっ》し除《のぞ》き、ともに長寿《ちょうじゅ》の人生を楽しむことが出来る仁愛《じんあい》を施《ほどこ》さんことを望む」

その直後《ちょくご》、皇后陛下は二万円（約四億円）を下賜《かし》され、以後、毎年六百円（約千二百万円）を同院に下賜《かし》されることを定められた。皇族《こうぞく》・華族《かぞく》の婦人方も陛下にならい寄付を惜しまなかった。以後、陛下は明治二十年五月の東京慈恵医院開院式に行啓《ぎょうけい》されたのを始め、毎年春秋二回お出ましになり、治療や看護の実状《じつじょう》をつぶさにご覧《らん》になった。皇后陛下は国母《こくぼ》として殊《こと》に病者や不幸な人々を親身《しんみ》になってかくも思いやられたのである。

ご仁慈《じんじ》に泣く傷病兵

皇后陛下に接《せっ》する人々がいかにその高貴《こうき》にして慈愛に満ちたご人格に触《ふ》れて言葉に尽くしがたい感銘・感激を覚《おぼ》えてやまなかったか、さらに具体的な事例《じれい》をあげて見よう。

明治二十七・二十八年の日清《にっしん》戦争の時、皇后陛下は傷つき病いに倒れた将兵《しょうへい》の為に特に心を砕《くだ》かれた。西南戦争時同様この時も宮中《きゅうちゅう》の一室に包帯製作所《ほうたいせいさくしょ》を設《もう》け、女官《じょかん》らを督励《とくれい》（監督し励ますこと）されて包帯作りに従事《じゅうじ》された。ご自身《じしん》も白《はく》衣《い》を召《め》されて日々《ひび》、寸暇《すんか》を惜《お》しみいそしまれた。

そうして明治二十八年二月、東京陸軍予備病院に行啓《ぎょうけい》され、親《した》しく傷病将《しょうびょうしょう》兵《へい》を慰問《いもん》された。それにつき皇后宮大夫《こうごうぐうだいぶ》香川敬三《かがわけいぞう》は、広島大本営《だいほんえい》にある石黒忠悳《いしぐろただのり》衛生長官《えいせいちょうかん》にこう報《ほう》じている。

「去る十六日、皇后陛下には予備病院へ行啓遊《ぎょうけいあそ》ばされ、負傷者《ふしょうしゃ》を一々《いちいち》御《ご》慰問《いもん》遊ばされ候《そうろう》（候＝ました、ます、です、ますが、ましたが、ますから等の意味）。患者《かんじゃ》の内《うち》には感泣《かんきゅう》の余《あま》り声を上《あ》げ候者《そうろうもの》もままこれあり候《そうろう》。小生等《しょうせいら》お側近《そばちか》く侍《はべ》り終始《しゅうし》落涙《らくるい》つかまつり候。皇后陛下には例《いつも》ながら一々《いちいち》お懇《ねんご》ろに負傷《ふしょう》の実況《じっきょう》、負傷当時《とうじ》のことなど聴《き》こし召《め》し上《あ》げられ候ゆえ、患者も一同感戴《いちどうかんたい》（深く感動すること）候《そうろう》様子《ようす》に見受《みう》けられ候。皇后陛下にも折々《おりおり》お涙を浮《う》かべさせられ給《たま》いしを拝見《はいけん》候。……貴君《きくん》御存知《ごぞんじ》の通り今に始めぬ御仁恵《ごじんけい》（仁愛《じんあい》と恩恵《おんけい》）何《なん》とも申し上げようなく感泣《かんきゅう》のほかこれなく候」

同年三月、皇后陛下は明治天皇のいらっしゃる広島に行啓《ぎょうけい》されてご機嫌《きげん》を伺《うかが》い、広島陸軍予備病院本院《ほんいん》を慰問《いもん》された。病院長の案内で各病室を巡回《じゅんかい》、一々病状《いちいちびょうじょう》経過《けいか》を問《と》われ慈愛《じあい》あふれる慰《なぐさ》めのお言葉をかけられたのは以前《いぜん》と同様《どうよう》である。

その時、感泣《かんきゅう》した一兵士《いちへいし》が立上《たちあ》り、陛下を拝《はい》せんとした。陛下は「起《お》くるに及《およ》ばず、大事《だいじ》にせよ」とやさしく制止《せいし》された。ここでも傷病将兵《しょうびょうしょうへい》はみな涙にくれた。

この病院には捕虜《ほりょ》となった清国《しんこく》負傷兵がいた。皇后陛下はその病室のそばでしばし歩を止《と》めて彼らを深く憐《あわ》れんでご覧《らん》になった。香川皇后宮大夫《かがわこうごうぐうだいぶ》はご心中《しんちゅう》を察《さっ》して、「一同大切《いちどうたいせつ》に療養《りょうよう》せよ」とのべ通訳《つうやく》をしてこれを伝えた。清国負傷兵たちは感激おくあたわず、陛下に向って合掌《がっしょう》した。

このすぐあと皇后陛下は広島陸軍病院第二分院を慰問された。各病室を回られたあと終りに、呼吸器《こきゅうき》病の重症者《じゅうしょうしゃ》ばかりの病室に至《いた》った。すぐ入室《にゅうしつ》されんとしたが、石黒衛生長官《えいせいちょうかん》がお止めした。この病気は感染《かんせん》の恐《おそ》れがあるから、医師《いし》と看護婦《かんごふ》以外入室を禁《きん》じられていたのである。しばらく入口に立たれた陛下は、目に涙を湛《たた》えてこう言われた。

「いずれも軽《かる》からぬ容体《ようだい》なれば、篤《とく》と療養《りょうよう》を加《くわ》え快方《かいほう》に向《むか》われんことを望《のぞ》みます」

皇后陛下の慈《いつく》しみ溢《あふ》れるお心とお言葉に、患者はもちろん石黒長官以下ことごとく感泣感激《かんきゅうかんげき》せざるを得《え》なかった。

衛生長官兼陸軍軍医総監《ぐんいそうかん》である石黒忠悳《ただのり》は皇后陛下に、開戦以来わが国の婦人達が入院した傷病将兵《しょうびょうしょうへい》に対して真心《まごころ》こもった熱心《ねっしん》な慰問活動《いもんかつどう》を続けていることを詳《くわ》しく説明《せつめい》したあと、「かくのごときは、帰《き》するところは陛下御仁恵《ごじんけい》（いつくしみ、恵《めぐ》み、なさけ）の余風《よふう》（あとあとまで残る徳、薫《かお》り、余徳《よとく》）によるものでございます」と申し上げた。

このようにして皇后陛下は国民の母たる限りない慈《いつくし》みをもって、国家の為に身命《しんめい》を捧《ささ》げて戦った傷病兵《しょうびょうへい》を心から慰問されたのであった。陛下が東京や広島の病院を回られて慰問の誠《まこと》を尽くされていることを伝え聞く者一人として感動しない者はなかった。皇后陛下は全国民の慈母《じぼ》として高く仰がれたのである。

皇太子の敬慕《けいぼ》――「自分はまことの子でありたかった」

はたの目にもうるわしい天皇皇后両陛下の間柄《あいだがら》であったが、哀《かな》しむべきことに皇后陛下は皇子《みこ》を授かることがなかった。一点非《いってんひ》の打ち所のない高貴《こうき》そのもののご人格であったが、うらむべきはお体が強健《きょうけん》とは言いがたかったのである。明治天皇はこれをいたく憂慮《ゆうりょ》されてご健康を気遣《きづか》われ、寒い季節《きせつ》には避寒《ひかん》と静養《せいよう》のためしばしば皇后陛下を葉山《はやま》や沼津《ぬまづ》の御用邸《ごようてい》に滞在《たいざい》させられた。

皇太子となられる明宮嘉仁親王《はるのみやよしひとしんのう》が誕生されたのが明治十二年である。ご生母《せいぼ》は女官《じょかん》、柳原愛子権内侍《やなぎはらあいこごんないし》である。皇后陛下は嘉仁親王の健《すこ》やかな生育《せいいく》を心から祈《き》念《ねん》されて深い愛情を注《そそ》がれた。親王は年少時、皇后陛下を実《じつ》の母《はは》と思われて深く慕《した》われた。やがて陛下が実母《じつぼ》でないと知られたとき、「自分はおたたさん（美子《はるこ》皇后）のまことの子でありたかった」とのべられた。それほど敬慕《けいぼ》してやまなかったのである。

明治天皇が崩御《ほうぎょ》されて、皇太子嘉仁親王《よしひとしんのう》が即位《そくい》された時のことである。大正天皇はご即位後、正式に昭憲皇太后にご挨拶《あいさつ》なされた。その際《さい》、皇太后はご挨拶なさる位置《いち》を大正天皇の下位《かい》に定められた。ところが昭憲皇太后を尊敬してやまぬ大正天皇は皇太后に上位《じょうい》におつき頂《いただ》くよう申し上げた。皇太后は「このままご挨拶を」と申されて、しばらく譲《ゆず》り合《あ》いが続いた。その時の有様《ありさま》につきおそばに控《ひか》えていた坊城俊良《ぼうじょうとしよし》(後に貞明皇太后宮大夫《ていめいこうたいごうぐうだいぶ》)はこう記している。

「このとき皇太后は静かにお言葉を改《あらた》められて、大正天皇に『今は一天万乗《いってんばんじょう》の御位《みくらい》(天皇の御位)におつきになられたのでありますから、上座《じょうざ》にお着《つ》きにならなければいけません』とお優《やさ》しき中にも威儀《いぎ》を正してお訓《さと》しになられた。母后《ぼごう》に対してあくまで親子《おやこ》の礼《れい》を尽《つ》くそうとされた大正天皇も静かに一礼《いちれい》して、しぶしぶ上座に直《なお》られ御践祚《ごせんそ》(ご即位されること)のご挨拶《あいさつ》を申しのべられた。

これは全《まった》く奥向《おくむ》きのお内輪《うちわ》のことではあるが、昭憲皇太后のいかなる場合《ばあい》にもお取《と》り乱《みだ》しなどなく、冷静《れいせい》、聡明《そうめい》、国体《こくたい》の本義《ほんぎ》(天皇を国家の中心に戴《いただ》く皇国《こうこく》日本の国のあり方）、天皇の御位置《おんいち》の大切な事理《じり》（道理《どうり》、ことわり）を明白《めいはく》に遊《あそ》ばされた御逸《おんいつ》事《じ》（知られない出来事）として特に記憶《きおく》しているところである。この時の光景《こうけい》は今なお眼前《がんぜん》に彷彿《ほうふつ》（思いうかぶさま）として、思い出すたびに感涙禁《かんるいきん》じ得《え》ないものがある」

親子の礼をもってご即位の挨拶をされようとする大正天皇に対して、昭憲皇太后は優しくご忠言《ちゅうげん》されて臣下《しんか》の礼《れい》をとられたのである。

宮内官《くないかん》の見た皇后陛下

皇后陛下は常日頃《つねひごろ》、いかなる人々に対しても分《わ》け隔《へだ》てなく慈愛《じあい》に満ちたお心を以《もっ》て接《せっ》せられた。身分《みぶん》の差《さ》を問わずいつも温情《おんじょう》に溢《あふ》れたお言葉、態度をもって立ち向われたので、一度でもお目にかかった者はみな感激せざるはなかった。長《なが》年奉職《ねんほうしょく》した一宮内官《いちくないかん》はこうのべている。

「誰でも昭憲皇太后に拝謁《はいえつ》した者は、その神々しいご端麗《こうごうしいごたんれい》（みめかたちが整《ととの》って美しいこと）のご容姿《ようし》（顔かたち）を拝《はい》して、まず言い知れぬ感激に打たれるのであるが、なおその上に真《しん》に勿体《もったい》ないぐらいのご慇懃《いんぎん》(ねんごろ、ていねい)なお態度でみ心をこめさせられたご鄭重《ていちょう》(てあつく深切なこと)なお言葉を賜《たま》うので、恐懼《きょうく》(恐れいる)せぬ者はない。私のような微々《びび》たる(地位がさほど高くないこと)宮内官《くないかん》でも拝謁《はいえつ》を仰《おお》せつけられるごとにお情《なさ》けの溢《あふ》れるご懇《ねんご》ろのお言葉を賜わり、あまりの有難さに涙ばかりこみあげてすぐには奉答《ほうとう》のできかねることが多かった。

毎年《まいとし》寒い季節《きせつ》には沼津《ぬまづ》または葉山《はやま》の御用邸《ごようてい》にご避寒遊《ひかんあそ》ばされる例《れい》であったが、私はそのご滞在中《たいざいちゅう》必ず一度や二度は御機嫌《ごきげん》を伺《うかが》い奉《たてまつ》るために伺候《しこう》(貴人《きじん》のもとへ参上《さんじょう》してごきげん伺《うかが》いすること)したものである。そのときはわざわざ謁見所《えっけんじょ》にお出《で》ましになって御機嫌うるわしくお椅子《いす》に掛《か》けさせられ、私にも椅子に掛けるようにと仰《おお》せになってお煙草《たばこ》やお茶お菓子などを下《くだ》され……。かくて私が御礼を申し上げて御前《ごぜん》を退下《たいげ》するときにはお椅子からお立ちになり、『寒さのきびしいときですから、くれぐれも身体《からだ》を大切にして、ますます聖上《おかみ》(明治天皇)のために忠《ちゅう》勤《きん》を励みくれますように』と身《み》に余《あま》るご懇《ねんご》ろの御諚《ごじょう》(お言葉)を辱《かたじけの》うして(愛顧《あいこ》をうける。恵まれる。享受《きょうじゅ》する)、うたた(いよいよ。ますます)感涙《かんるい》にむせぶのであった」

女官の語る皇后陛下

皇后陛下は四十五年間、その責務《せきむ》を十二分に果《はた》された。明治天皇と国家国民に対して全身全霊《ぜんしんぜんれい》を以《もっ》てまことの道を尽《つ》くされた最も徳高き皇后陛下であった。陛下のお人柄につき身辺《しんぺん》に仕《つか》えた一女官山川三千子《いちじょかんやまかわみちこ》はこうのべている。

「大勢《おおぜい》いる女官たちにも少しも分《わ》け隔《へだ》てもなく、いつもほほえんでおいでになって、お言葉は少なくこちらから伺《うかが》わなければ、あれこれとあまりお指図《さしず》は遊《あそ》ばしませんが、女官たちの気性《きしょう》も皆よくご存知《ぞんじ》のようでございました。

私が出仕《しゅっし》した時は、……たいへん人手不足《ひとでぶそく》の時でございましたので、先輩《せんぱい》たちからゆっくり指導を受ける暇《いとま》もなく……まごまごしておりました。すると誰もいない時に、

『わからぬことがあったら、他《ほか》に人のいない時なら何でも教えてあげるよ』

とのおやさしいお言葉を戴《いただ》きました。また教えてもらってもその人によってやる

ことが多少違いますので、『若菜《わかな》（女官《じょかん》の源氏名《げんじな》――『源氏物語』から取った名前――）からはこう教わり、撫子《なでしこ》からはこう習《なら》いましたが』と伺《うかが》うと、『人によっては少しやり方が違うけれど、私に対して悪いようにと思う人はない。皆これがよいと思いながらしているのですから黙《だま》っています。しかし都合《つごう》をきいてくれるのなら、こちらの方が私は好きなのだ』とおっしゃるといったあんばい（物事《ものごと》をほどよく処理《しょり》すること）で、ちっとも無駄口《むだぐち》は仰《おお》せられません。どちらかといえば冷静《れいせい》で学者肌《がくしゃはだ》のようにお見受《みう》け申し上げました。

和歌のお上手《じょうず》なことは誰も知る通りで、一日に幾首《いくしゅ》となくお詠《よ》みになります。またご記憶のいいことも驚くばかりで、滅多《めった》においでにならない書庫《しょこ》のご本でも、幾段目《いくだんめ》の右から何番目にあるから持ってきてほしいなどとおっしゃるし、日本歴史などは殆《ほとん》ど暗記《あんき》しておいでになったようです。

この陛下はご幼少《ようしょう》の頃からの御内定《ごないてい》（明治天皇の皇后となること）で特別の教育をお受けになり、お年も若くて初めから皇后様におなりになりましたので、御責任も重くすべてひかえ目がちのご性質も手伝って、何事《なにごと》もお言葉として出るまでにはずいぶんよくお考えになるご様子《ようす》でございました。あの多数の女官（二十数人）を円満《えんまん》にお使いになるだけでもなかなか大変なお仕事で、ご苦労のほどもさこそと存じ上げました。ともかくうまく治まっていたこと、病気以外で途中退官《たいかん》した者は一人もいなかったのを見てもわかります」

人格、学問、見識《けんしき》、振舞《ふるまい》、優美《ゆうび》さ等《など》いずれもこれほどすぐれた女性は稀有《けう》であった。最高の立場にありながら、何より慎《つつし》み深く謙虚《けんきょ》で控《ひか》え目、寡黙《かもく》であった。多くの女官たちに叱《しか》ることは一切《いっさい》なかった。あやまちがあれば穏《おだ》やかに「過《あやま》ちは誰にもあること、以後慎《つつし》むよう」とさとされた。それゆえ全《すべ》ての女官は悦服《えっぷく》（悦んで心から従うこと）して後宮《こうきゅう》（皇后、女官などの殿舎《でんしゃ》、天皇の宮殿の後方にある）は円満におさまった。

英照皇太后へのご孝養と内親王へのご愛念

皇后陛下は孝明《こうめい》天皇（明治天皇御父君《おんちちぎみ》）の皇后、英照皇太后《えいしょうこうたいごう》に天皇とともに孝養《こうよう》

（父母を尊び孝行して養うこと）のまことを尽《つ》くされた。皇太后は明治維新後、東京に移られて青山の大宮《おおみや》御所に住まわれた。

皇后陛下は英照皇太后をお慰めすることに心を砕《くだ》かれて、しばしば皇太后をお誘いして行動を共にされた。富岡製糸場への行啓《ぎょうけい》については既述《きじゅつ》した。皇居《こうきょ》の吹上御苑《ふきあげぎょえん》には始終《しじゅう》お招きして、春秋の美しい景色《けしき》をともに観賞《かんしょう》された。

皇太后は明治二十九年秋頃から病状がつのり病床《びょうしょう》に臥《ふ》せられた。皇后陛下は幾度《いくど》も御所《ごしょ》へ出向かれて手厚《てあつ》い看護《かんご》をなされた。しかしその甲斐《かい》なく明治三十年、崩御《ほうぎょ》された。御陵《ごりょう》は京都にあるが、四月、天皇皇后両陛下は御陵を親拝《しんぱい》された。

明治天皇には内親王《ないしんのう》（女性の皇子《みこ》）が四方《よんかた》（常宮《つねのみや》・周宮《かねのみや》・富美宮《ふみのみや》・泰宮《やすのみや》）おられたが、皇后陛下は嘉仁親王《よしひとしんのう》同様、慈愛《じあい》を尽くされた。姫宮方《ひめみやがた》も心から皇后陛下をお慕《した》いして、時折《ときおり》、清書《せいしょ》や手芸《しゅげい》作品をご覧《らん》に入れた。陛下は必ずそれらの良いところを見つけてお賞《ほ》めになり、ご褒美《ほうび》に書道の道具や短冊《たんざく》、色紙《しきし》などを与えられた。姫宮方は皇后陛下から賞めて頂くことを何より喜びとし楽しみとした。

明治天皇が行幸《ぎょうこう》されてお留守《るす》の折《おり》には、姫宮方を皇居《こうきょ》に招き御苑《ぎょえん》で花を摘《つ》んだり、夜はかるたとりに興《きょう》じられたり、また物語などされて楽しい一日をすごされた。陛下は姫宮方に対して、「常宮さん」「周宮さん」……とおよびするのが常であった。実《じつ》の親子《おやこ》以上の睦《むつ》まじい間柄《あいだがら》であり、姫宮方は皇后陛下を母のごとく慕われたのであった。

明治の日本が奇蹟《きせき》的躍進を遂《と》げた根本の理由は、ひとえに国家民族の統合《とうごう》と団《だん》結《けつ》の核心《かくしん》として明治天皇がご存在したことによるが、その天皇のおそばにあっていつもつつましく寄《よ》り添《そ》われ、かげとなり日なたとなってこの上なき内助《ないじょ》の功《こう》を果《は》たされたのが昭憲皇太后であったのである。明治天皇はこのような皇后――三つ年上の「姉《あね》さん女房《にょうぼう》」――をいつも「美宮《はるみや》さん」とおよびして〈お酒を召し上がり陶然《とうぜん》となったときなどは、よく「なあ、天狗《てんぐ》さん」と言われた〈鼻の高かった皇后陛下につけたあだ名〉〉心から敬愛してやまなかったのである。

3. 国難・日露戦争
――天皇・国民と心を一つにして

明治天皇の懊悩《おうのう》と皇后陛下の涙

日露《にちろ》戦争は現在の私たちが思う以上の一大国難《いちだいこくなん》であった。日本がロシアに対して立上《たちあが》ったことについて、世界は全《まった》く狂気《きょうき》の沙汰《さた》(正気《しょうき》を失った行為《こうい》)と見た。ロシアが日本を全《まった》く見下《みくだ》してまともに戦うべき相手《あいて》と見なしていなかったことは、当時の駐日ロシア公使館《こうしかん》の一陸軍武官《りくぐんぶかん》の次の言葉に象 徴《しょうちょう》されている。

「日本軍が欧州《おうしゅう》のたとえ最弱 小国《さいじゃくしょうこく》に太刀打《たちう》ちできるようになるまでには、数十年おそらく百年かかるであろう」

白人国家にとり非西洋人は劣等人種《れっとうじんしゅ》であり、「人間以下」の動物同然《どうぜん》であり、召使《めしつかい》・奴隷《どれい》として支配されるべき存在とみなされた当時の世界の時代的背景《はいけい》がわからなければ、日露戦争の困難《こんなん》さと意義《いぎ》は到底《とうてい》理解できない。ロシアはイギリスと世界の覇権《はけん》（支配権）を争う世界一の陸軍国であった。国力・経済力・軍事力は全《まった》く比較《ひかく》を絶《ぜっ》しており、日本が勝つと思った人は世界にあるはずもなかった。相撲《すもう》に例《たと》えると横綱《よこづな》と幕下《まくした》よくて十 両《じゅうりょう》の取組《とりくみ》であった。

わが国がこの戦いを決意したのは、国家の独立・民族の生存《せいぞん》の為である。滅亡《めつぼう》を免《まぬか》れて生き残る為であった。日本以外の非西洋民族はほとんど全《すべ》て欧米列強の植 民地《しょくみんち》か隷属国《れいぞくこく》として屈服《くっぷく》し、真《しん》に独立を堅持《けんじ》する国は絶無《ぜつむ》であった。インドはとっくにイギリスに征服《せいふく》され、かつて強盛《きょうせい》を誇ったシナ（大清帝国《だいしんていこく》）は見る影もなく零落《れいらく》（おちぶれること）し、イギリス・ロシア・フランス・ドイツにより分割《ぶんかつ》支配《しはい》され亡国《ぼうこく》の道を直 進《ちょくしん》していた。残るは日本のみである。欧米列強は最後に必ず日本に侵略《しんりゃく》の刃《やいば》を向け、清国《しんこく》同然、わが国を分割支配することは必至《ひっし》（必ずそうなること）と考えられた。戦わずともいながらにして滅亡《めつぼう》する未曾有《みぞう》（かってないこと）の危機・国難に直面《ちょくめん》していたのが二十世紀初頭《しょとう》の日本であった。ロシアとの戦いに果《はた》して勝算《しょうさん》はあったのか。どう考えて見てもとても勝算は立たなかったが、挙国一致《きょこくいっち》して戦い、わずかな可能性に民族の運命《うんめい》をかけたのである。

対露《たいろ》戦争の決断に最も焦慮《しょうりょ》（深く思い悩むこと）し懊悩《おうのう》（悩みもだえること）されたのが明治天皇であった。明治三十七年（一九〇四）二月四日、天皇御臨席《ごりんせき》の御前会《ごぜんかい》議《ぎ》において、元老《げんろう》（伊藤博文《いとうひろぶみ》・山県有朋《やまがたありとも》・大山巌《おおやまいわお》ら国家に大きな功績《こうせき》のある重臣《じゅうしん》）並びに政府首脳《しゅのう》（桂太郎《かつらたろう》首相・小村壽太郎《こむらじゅたろう》外相等）全員一致の上、日露戦争の開始が決定された。国民も挙《あ》げて強くこれを支持《しじ》した。

その日夕方、御前会議を終え御常御殿《おつねごてん》（日常のお住まい）に戻《もど》られた明治天皇の表情《ひょうじょう》には深憂《しんゆう》の様子《ようす》がありありとうかがわれた。陛下はいつも御殿入口でお迎えする皇后陛下にこうのべられた。

「いよいよロシアと国交《こっこう》を断絶《だんぜつ》することになった。わしの志《こころざし》ではないがやむを得《え》ない（できることなら全《まった》く勝算《しょうさん》が立《た》たない対露戦争を回避《かいひ》したかったという意味である。しかし戦う以外に日本の独立を守る道が残されていなかったので、明治天皇は対露戦争に同意《どうい》されたのである）」

その後、二、三分沈黙《ちんもく》が続き、うつむかれたままひとり言《ごと》のようにこうつぶやかれた。

「もしやこれが失敗《しっぱい》したら、何《なん》とも申訳《もうしわけ》がない」

目には露《つゆ》の涙が宿《やど》っておられた。もし敗北《はいぼく》したならば日本は亡国《ぼうこく》の憂目《うきめ》を見る。そうなったならば、皇祖皇宗《こうそこうそう》、歴代天皇《れきだいてんのう》のご神霊《しんれい》および国民に対して全《まった》く申訳が立たないという意味である。国家の中心に立たれる明治天皇の懊悩《おうのう》、心痛《しんつう》の深さはまさに筆舌《ひつぜつ》に尽《つ》くしがたかった。明治天皇のこのご深憂をおそばで誰よりも知る皇后陛下もまた涙ぐまれてこう申し上げた。

「誰一人としてお代《かわ》り申し上げることの出来ませぬご心痛、お察《さっ》し申し上げまする」

皇后陛下は常に明治天皇と一心一体であった。

金子堅太郎の感激

日露戦争が開始されるや、政府は金子堅太郎《かねこけんたろう》をアメリカに派遣《はけん》することにした。小村壽太郎外相《こむらじゅたろうがいしょう》の企《くわだ》てである。この戦争を終結《しゅうけつ》させる際《さい》、日露両国の間に立って調停《ちょうてい》すべき国はアメリカしかなく、そのためルーズベルト大統領とハーバード大学同窓生《どうそうせい》として知り合いであった金子をすぐ訪米《ほうべい》させて、ルーズベルトと接触《せっしょく》させようとしたのである。小村は金子の説得《せっとく》を元老《げんろう》伊藤博文に頼んだ。金子は伊藤に深く信頼されて、伊藤内閣で農商務《のうしょうむ》大臣、司法《しほう》大臣をつとめた人物である。

伊藤からアメリカ行きを要請《ようせい》された金子は、余りにも重大《じゅうだい》かつ困難《こんなん》な任務《にんむ》であったから固辞《こじ》した。しかし伊藤は金子以外に適任者《てきにんしゃ》なしとして辞退《じたい》を許さなかった。金子は遂《つい》に承諾《しょうだく》したものの全《まった》く自信《じしん》はなく、途方《とほう》に暮《く》れる思いであった。

かくしてアメリカへ旅立つ準備をしていた二月十四日朝の出来事である。この日、金子は妻子《さいし》とともに葉山《はやま》の別荘《べっそう》にいたが、事前《じぜん》に何《なん》の連絡《れんらく》もなく突然《とつぜん》、葉山《はやま》の御用邸《ごようてい》に滞在《たいざい》されていた皇后陛下のご訪問を受けたのである。驚きあわてて出《で》迎《むか》える金子に、皇后陛下はこうのべられた。

「今朝《けさ》は早々《そうそう》から金子の家を騒《さわ》がせまことに気の毒に思います。昨夜《さくや》、香川《かがわ》（敬《けい》三《ぞう》、皇后宮大夫《こうごうぐうだいぶ》）より聴《き》けば、金子は近々《ちかぢか》米国に渡航《とこう》する由《よし》、その御用《ごよう》の趣《おもむき》は知らざれども、このたび日露の両国戦争となりたれば、金子が米国に行くことは必ず重大《じゅうだい》な任務《にんむ》を奉《ほう》じてのことでありましょう（陛下は金子の任務をよく承知《しょうち》しているが、決して出過《です》ぎた言い方をされず、こうした慎《つつし》みある言い方をされる）。よって御国《みくに》の為に十分尽力《じんりょく》するよう親《した》しく金子に依頼《いらい》せんがため、今朝早々やって来た次第《しだい》です。なお海陸長途《ちょうと》の旅行及び滞米《たいべいちゅう》中は、せっかく（つとめての意）身体《からだ》を大切にして任務を尽《つ》くして下さい」

お言葉に金子の体は感激《かんげき》に打《う》ち震《ふる》えた。頭《こうべ》を深く垂《た》れた金子は、

「謹《つつし》んでご沙汰《さた》（お言葉）を拝《はい》し、力の及ぶ限り御国《みくに》の為に尽力《じんりょく》いたします」

と力強く奉答《ほうとう》した。

そのあと陛下は紅白《こうはく》の菓子《かし》をお手《て》ずから与えられ、金子には仙台平《せんだいひら》の袴地《はかまじ》、妻には白羽二重《しろはぶたえ》、息子、娘にもそれぞれ別のものを下《くだ》された。

金子はこの思いもかけぬ皇后陛下のご来臨《らいりん》と励ましに、百万の味方《みかた》を得《え》た心地《ここち》がしたのである。元老《げんろう》の伊藤の懇請《こんせい》（たっての願い）をことわりきれず応諾《おうだく》したもののの、成功の自信《じしん》は全《まった》くなかった金子だったが腹の底から勇気がこみあげて出立《しゅったつ》、アメリカで立派《りっぱ》に任務を果《はた》すことが出来たのであった。金子にとり皇后陛下の励ましは、おそらく明治天皇から頂《いただ》くよりも大きかったに相違《そうい》ない。皇后陛下の内助《ないじょ》の功《こう》がいかに絶大《ぜつだい》であったかの一例《いちれい》である。

夢枕に立った坂本龍馬の忠魂《ちゅうこん》

日露戦争が始まって間《ま》もないころ、皇后陛下は香川皇后宮大夫《かがわこうごうぐうだいぶ》をよびこうのべられた。

「昨夜、不思議な夢を見ました。自分をしきりに呼び起こす者があるので眼をさましてよく見ると、裃《かみしも》をつけ髪を大髻《おおたぶさ》（男が髪を後《うし》ろで結ぶとき普通よりも大きく結ぶこと）に結《ゆ》った一見士風《いっけんさむらいふう》の者が一人、敷居際《しきいぎわ》に畏《かしこま》っている。何者《なにもの》かと尋《たず》ねたところ、直《ただ》ちに坂本《さかもと》と答えた。それから何事《なにごと》か申していたが、はっきり聞き取れなかった」

　香川がその男の紋所《もんどころ》を伺うと、「紋はたしか桔梗《ききょう》の花であったように思う」と応《こた》えられた。香川は「それでは土佐の坂本龍馬《りょうま》でしょう」と申し上げ、すぐこのことを宮内《くない》大臣の田中光顕《たなかみつあき》に知らせた。香川も田中も維新《いしん》の志士《しし》であり、二人は中岡慎太郎《なかおかしんたろう》の率《ひき》いた土佐陸援隊《とさりくえんたい》の幹部《かんぶ》だったから龍馬をよく知っていた。ことに田中は旧土佐藩士だった。田中も龍馬に違いないとして所持《しょじ》していた龍馬の写真をご覧《らん》に入れたところ、「この者に相違《そうい》ない」と言われた。そこで田中と香川は龍馬が命を捧《ささ》げて明治維新に尽力《じんりょく》したことを詳《くわ》しく申し上げた。陛下は深く感動されてこう言われた。

「それではこのたびのロシアとの開戦について深く心配している自分を慰《なぐさ》めるつもりで夢枕《ゆめまくら》に立ったのでしょう」

このとき詠《よ》まれたお歌が次のものだ。

ぬばたまの　夜《よ》ぶかきゆめに　みつるかな
　たづねむ（ん）と思ふ（う）　人のおもかげ

　ぬばたま＝「夜」にかかる枕詞

真夜中に夢を見た。あざやかなその武士の面影《おもかげ》。一体いかなる人物であろうか。

いたく感激した田中光顕《たなかみつあき》はこう詠んだ。

かしこくも　后《きさい》の宮《みや》の　おほん（お）夢に
　入《い》りしは君が　真心《まごころ》にして

　かしこくも＝恐れ多くも　**后の宮**＝皇后　**おほん夢**＝お夢

畏《おそ》れ多くも皇后陛下の夢枕に立ったのは、日露戦争という一大国難に直面《ちょくめん》した皇国《こうこく》日本を深く思うあなたのまことの心によるものです。

坂本龍馬の忠魂《ちゅうこん》(天皇、国家に忠誠を捧げんとする魂)は夢にまで現れて、皇后陛下をお慰め申し上げたのであった。

将兵・遺族への至情《しじょう》

皇后陛下の国家の存亡《そんぼう》をかけた日露戦争と将兵並びに遺族への深い思いは、何より御《み》歌に示されている。

たたかひ(い)の　勝《かち》のたよりを　聞くごとに
　みいくさ人《びと》の　身《み》をおもふ(う)かな

みいくさ人＝将兵

いまたえむ《(ん)》　いきの下《した》より　万代《よろづ(ず)よ》を
うたふ《(う)》ときくに　涙こぼれぬ
いまたえむ＝死なんとするとき

戦場において、「天皇陛下万歳《ばんざい》」を唱えて戦死を遂げた忠勇無比《ちゅうゆうむひ》なる将兵《しょうへい》を深く哀悼《あいとう》して涙されたお歌である。

国のため　いたでおふ《(う)》身《み》の　うつしゑ《(え)》は
みるに涙ぞ　もよほ《(お)》されける
いたで＝負傷　うつしゑ＝写真

なにごとも　みなうちすてて　みいくさの
みちに心を　つくすもろびと
みいくさ＝日露戦争

日露戦争という一大国難にうちかつ為に、全国民がすべてを捧げてそれぞれの道に尽くしている。

たのもしき　なにはあれども　戦《たたかひ(い)》に
　勝たではやまぬ　やまとだましひ《(い)》

必勝を期《き》して戦う全国民の大和魂《やまとだましい》を、心からほめたたえられたお歌。

天《あま》つ神《かみ》　まもりますらむ《(ん)》　みいくさの
　かちどきたかく　世にひびきけり

天つ神＝天照大御神

天照大御神《あまてらすおおみかみ》始め皇祖皇宗《こうそこうそう》、歴代《れきだい》天皇のご神霊《しんれい》のご守護《しゅご》により、遂《つい》に日露戦争に勝利しえた悦《よろこ》びを歌ったもの。

日露戦争直後の明治三十九年、靖國《やすくに》神社に御親拝《ごしんぱい》されたとき、次のみ歌を詠《よ》まれた。

みいくさの　道《みち》につくしし　まこともて
なほ《(お)》国まもれ　千万《ちよろづ(ず)》の神《かみ》

千万の神＝護国の忠霊・靖国の英霊

明治維新より日露戦争まで皇国《こうこく》日本を守り抜く為に身命《しんめい》を捧《ささ》げた護国《ごこく》の忠霊《ちゅうれい》・靖国の英霊《えいれい》達よ。純忠至誠《じゅんちゅうしせい》の心をもって永遠に祖国を守り給えとのお歌。

神垣《かみがき》に　涙たむけて　を《(お)》がむらし
かへ《(え)》るを待ちし　親《おや》も妻子《つま》も

神垣＝靖國神社

この日多くの遺族が社前に居並《いなら》び参拝《さんぱい》していた。その人々のことを思いやら

護国の英霊を祀る靖國神社（東京）

れて詠《よ》まれた一首《いっしゅ》である。護国の忠霊・靖国の英霊としていま神として祀《まつ》られている父であり夫であり息子であったが、肉親《にくしん》の情《じょう》として誰か生還《せいかん》を願わぬ者があったであろうかという哀憐《あいれん》（哀《あわ》れみ）の極《きわ》みというべきお歌である。昭憲皇太后の生涯を貫《つらぬ》くものこそ、国民へのこの限りなき深い仁愛《じんあい》、慈悲《じひ》の真心《まごころ》であった。

乃木夫人への慰撫《いぶ》

日露戦争は挙国一致《きょこくいっち》の努力が実《みの》り奇蹟的《きせきてき》勝利がもたらされた。対露戦勝利の最大の貢献者《こうけんしゃ》は、陸軍では乃木希典《のぎまれすけ》、海軍では東郷平八郎《とうごうへいはちろう》であった。乃木はこの戦いで二人の息子を戦死させたが、これに対して最も同情《どうじょう》されたのは天皇皇后両陛下である。

明治天皇は学習院長《がくしゅういんちょう》に乃木《のぎ》を任命《にんめい》されたがそのとき、「お前は二人の子供を失って寂《さび》しいだろうから、その代《かわ》り沢山《たくさん》の子供を授けてやろう」と言われ、皇孫《こうそん》

（後の昭和天皇）の教育を乃木に託《たく》された。当時、明治天皇が絶大《ぜつだい》の信頼を寄《よ》せられた人物の第一は乃木であった。乃木は恐《おそ》れ畏《かしこ》みこの聖《せい》なる任務《にんむ》に全《すべ》てを捧《ささ》げた。

明治三十九年五月、皇后宮大夫《こうごうぐうだいぶ》香川敬三は乃木《のぎ》邸を訪れ、近く皇后陛下が新《しん》宿御苑《じゅくぎょえん》において特別に静子夫人に拝謁《はいえつ》を賜《たま》わるとのご内意《ないい》を伝えた。乃木と静子夫人は恐懼《きょうく》（恐れ多いと思うこと）してその日を待った。五月二十六日、新宿御苑にて、皇后陛下は静子夫人に二人の息子を亡《な》くしたことを深く哀悼《あいとう》する懇篤《こんとく》（ねんごろで深く心がこもっていること）この上なきお言葉を賜《たまわ》った。夫人は感極《かんきわ》まり名状《めいじょう》しがたい感激に身《み》を打《う》ちふるわせた。後にこう語っている。

「畏《かしこ》くも陛下より、『二人の子供を失うたことはさぞかし……』とのお言葉があったことは明瞭《めいりょう》に耳に残っていますが、その後に御仰《おんおお》せにならせられたことは何《なに》も記憶《きおく》にありませせぬ。『二人の子供を失うてさぞかし……』との有難いお言葉のために、感涙《かんるい》がこみあげて自分というものがわからなくなってしまったのでございましょう。私は今も夢心地《ゆめごこち》でいます」

明治天皇と皇后陛下はこうして一家《いっか》をあげて皇国《こうこく》に誠忠《せいちゅう》を捧《ささ》げ尽《つく》くした乃木夫妻に報《むく》い、心から慰撫《いぶ》されたのである。天皇と皇后はそれぞれの立場において役割を分担《ぶんたん》なされて、国家国民の為に誠の限りを尽《つ》くされたのである。

ローゼン夫妻の感激

開戦時の逸話《いつわ》を一つ紹介《しょうかい》しよう。日露両国の国交《こっこう》が断絶《だんぜつ》して、駐日ロシア公使ローゼンが東京を引揚《ひきあ》げるとき、我が皇室及び政府が寄せた配慮《はいりょ》と厚意《こうい》がローゼン夫妻をいたく感激させた。

第一次世界大戦当時、ベルリンのイギリス大使館は投石《とうせき》され暴民《ぼうみん》に襲《おそ》われた。またベルリンを引揚《ひきあ》げるロシア大使は駅で人々から罵声《ばせい》を浴《あ》びせかけられ唾《つば》を吐《は》きかけられた。しかしわが国では一切《いっさい》そのような無礼《ぶれい》な振舞《ふるまい》はなかった。引揚げの際、皇后陛下は特に女官《じょかん》を公使館に遣《つか》わして、ローゼン公使夫人に次のお言葉を伝えた。

「今日《こんにち》不幸にして両国の和親《わしん》が破られるに至《いた》ったので、公然《こうぜん》の資格《しかく》において送別《そうべつ》することが出来ないのはまことに遺憾《いかん》(残り惜しいこと。残念)であるが、夫人とは多年懇親《たねんこんしん》を重《かさ》ねていた故《ゆえ》に、女性の情《じょう》としていま黙視《もくし》することができない。ここに侍臣《じしん》(女官)を通《つう》じて送別《そうべつ》の辞《じ》を通《つう》ずる。かつ両国の交際が旧《きゅう》に復《ふく》する暁《あかつき》においては再び夫人の東京に来《き》たらんことを冀望《きぼう》(希望)する」

そうして餞別《せんべつ》として立派な銀製《ぎんせい》の花瓶《かびん》を贈られた。ローゼン夫人はこのお言葉と贈り物に泣いて感激した。ローゼン夫妻がいよいよ立去《たちさ》る時、政府は騎兵《きへい》一個小隊を以て一行《いっこう》を護衛《ごえい》した。ローゼンは後年《こうねん》、著書にて第一次世界大戦の際、文明国と称する西洋において大使として任地《にんち》にあったとき敵国から加えられた無礼な態度に比べ、日本皇室及び日本国民の対敵人態度がいかに立派で気高《けだか》く道義《どうぎ》的《てき》、武士的《ぶしてき》なものであったか讃嘆《さんたん》してやまなかった。

4. 言の葉のまことの道

生涯三万首の御歌《みうた》

明治天皇同様《どうよう》、皇后陛下にとり和歌を詠《よ》むことは、生涯《しょうがい》にわたるまことの道の修業《しゅぎょう》であった。明治天皇の次の御製《ぎょせい》はまた皇后陛下のお心でもある。

天地《あめつち》も　うごかすばかり　言《こと》の葉《は》の
まことの道《みち》を　きは（わ）めてしがな

天地も動かすことができるという言《こと》の葉《は》のまことの道を、何《なん》としてもきわめたいものである。

明治天皇は生涯《しょうがい》九万三千首《しゅ》、皇后陛下は約三万首詠《よ》まれた。既出《きしゅつ》以外の主《おも》な御歌《みうた》をあげよう。

朝《あさ》ごとに　むかふ(う)鏡《かがみ》の　くもりなく
　あらまほしきは　心なりけり

日《ひ》に三《み》たび　身《み》をかへ(え)りみし　古《いにしへ(え)》の
　人《ひと》のこころに　ならひ(い)てしがな
がな＝ぜひそうしたいものだ

身《み》にしみて　うれしきものは　まこともて

人《ひと》のつげたる　ことばなりけり

人ごとの　よきもあしきも　心《こころ》して
きけばわが身《み》の　為《ため》とこそなれ

人しれず　思《おも》ふ(う)こころの　よしあしも
照《て》らし分《わ》くらむ(ん)　天地《あめつち》のかみ
自分の色々思うことの良し悪《あ》しを、神さまは正しくご覧《らん》になっている。

あつぶすま　かさねてもなほ(お)　さむき夜《よ》に
しづ(ず)がふせやを　思ひ(い)やるかな
あつぶすま＝厚いふとん　しづがふせや＝国民のすまい

文机《ふづくえ》に　むかふ（う）心の　うれしきは
　まことの道《みち》に　あへ（え）るなりけり

机に向って書物を開くのは、すべてみな「まことの道」を学ぶ為であり、その学びの道を何よりも大切にされ、それを心からの悦《よろこ》びとされたのが昭憲皇太后であった。古来《こらい》、日本人が最も大切《たいせつ》にしてきた道徳が大和言葉《やまとことば》の「まこと」である。「忠《ちゅう》」も「孝《こう》」も「仁《じん》」も「義《ぎ》」もみな「まこと」に含《ふく》まれる。漢字の「誠・真・実・信」はみな「まこと」と訓《よ》む。

むらぎもの　心に問《と》ひ（い）て　恥ぢ（じ）ざらば
　世《よ》の人言《ひとごと》は　いかにありとも

むらぎも＝「心」にかかる枕詞《まくらことば》

しげりたる　うばらからたち　はらひ（い）ても
　ふむべき道《みち》は　ゆくべかりけり

うばら＝とげのある植物の総称《そうしょう》。茨（いばら）ともいう。**からたち**＝針《はり》がある

いかなる困難があろうとも、人はまことの道を貫《つらぬ》き通《とお》すべきである。

たらちねの　親《おや》のいさめし　言《こと》の葉《は》は

いまなほ耳《（お）みみ》に　のこりけるかな

たらちね＝「親・母」にかかる枕詞

君《きみ》がため　まことをつくす　まめ人は

神もうれしと　たすけますらむ《（ん）》

まめ人＝忠実《ちゅうじつ》・誠実《せいじつ》な人

伝へ《（え）》こし　ふみありてこそ　しられけれ

とほつみおやの　神のみいつも

みいつ＝御稜威《みいつ》。天皇の偉大な霊徳《れいとく》・神力《しんりょく》。

古事記・日本書紀・祝詞《のりと》・宣命《せんみょう》・万葉集などの国史《こくし》・古典《こてん》があるからこそ、皇祖皇宗《こうそこうそう》、歴代《れきだい》天皇の偉大な聖業《せいぎょう》・治績《ちせき》、遺訓《いくん》を知ることができる。

ふねの上に　君をとどめて　橘《たちばな》の
いまはとちりし　こころをぞ思ふ《(う)》
日本武尊《やまとたけるのみこと》の身代《みがわ》りとなり海にわが身《み》を投《な》げ入《い》れた弟橘姫《おとたちばなひめ》の無私殉国《じゅんこく》の気高《けだか》い心を讃《たた》えたお歌

広前《ひろまへ(え)》に　玉《たま》ぐしとりて　畝傍山《うねびやま》
高きみいつを　仰《あふ(お)》ぐ今日《けふ(きょう)》かな
広前＝神前《しんぜん》　**畝傍山**＝神武天皇《じんむてんのう》御陵《ごりょう》

神風《かみかぜ》の　伊勢《いせ》の内外《うちと》の　みやばしら
ゆるぎなき世を　なほ《(お)》いのるかな

神風＝「伊勢」にかかる枕詞　**伊勢の内外のみやはしら**＝伊勢神宮内宮《ないくう》・外宮《げくう》

年《とし》たちて　なほ（お）いのるなり　五十鈴川《いすずがは（わ）》
ながれたえせぬ　くにのさかえを

年たちて＝新年を迎えて　**五十鈴川**＝伊勢神宮
新年を迎えて天壌無窮《てんじょうむきゅう》・万世一系《ばんせいいっけい》の天皇の弥栄《いやさか》をお祈りしたお歌

さきみてる　み園《その》の菊の　花よりも
おほ（お）みことばの　露《つゆ》ぞうれしき

おほみことば＝明治天皇の皇后陛下への親しきやさしきお言葉

あれましし　日《ひ》にささげむ（ん）と　おもふ（う）かな
うゑ（え）し垣根《かきね》の　菊《きく》のはつ花

あれましし日＝明治天皇誕生日（十一月三日）。「天長節《てんちょうせつ》」とよばれた。

大君《おほ(お)きみ》の　御代《みよ》ながかれと　おもふ《(う)》こそ
　ちぢの　思《おもひ(い)》の　上《うへ(え)》にはありけれ

ちぢ＝千々、数多いこと

既出《きしゅつ》の御歌《みうた》を含めてみな珠玉《しゅぎょく》(尊いもの、美しいものをほめていう言葉)の名歌《めいか》である。昭憲皇太后の御歌は、ことに人間として日本人として私たち国民が守るべき踏《ふ》み行うべき「まことの道」をお教え下さっている。和歌の道が「しきしま(日本)の道」であり、「言の葉のまことの道」であり、「神《かん》ながらの道」であり、歌《か》道《どう》即神道《しんとう》であることが、明治天皇とともに昭憲皇太后の御歌ほど明らかに示すものは少ない。

ご趣味・ご嗜好《しこう》

皇后陛下のご趣味《しゅみ》・ご嗜好《しこう》についてのべよう。まず趣味から。何《なん》といっても最《さい》たるものは既述《きじゅつ》した詠歌《えいか》と読書である。これは趣味というより勉学《べんがく》、修養《しゅうよう》そのものである。和漢《わかん》のあらゆる学問に通《つう》じておられたが、ことに古事記・日本書紀を尊重《そんちょう》された。源氏《げんじ》物語・伊勢《いせ》物語・枕草子《まくらのそうし》などもこよなく愛された。万葉集・古今《こきん》和歌集・新古今《しんこきん》和歌集などはほとんど記憶されていた。この素養《そよう》のもとに三万首もの御歌《みうた》が生まれたのである。ご愛用の書籍《しょせき》はたいてい和紙綴《わしつづ》りのものだった。幾度《いくたび》も手にとられるから紙や糸が破れたりすり切れたりすることがあり、女官が新しいものと取り替《か》えをおすすめすると、

「古くて手馴《てな》れたものは、新しいものよりかえって親しみがあるものです。取り替えるには及びません」

とことわられた。

　詠歌と読書のほかに実《じつ》に豊《ゆた》かな趣味をお持ちであった。皇后陛下は公家《くげ》ご出身であったから、朝廷の雅《みや》びな文化について誰よりも造詣《ぞうけい》(学問や文化などの奥深い意義)が深く、日本画・工芸品《こうげいひん》(漆工《しっこう》芸品・木工《もっこう》芸品・金工《きんこう》芸品)・陶磁器《とうじき》・彫刻《ちょうこく》等美術工芸全般《ぜんぱん》にわたりお好みになり極《きわ》めて高い鑑識眼《かんしきがん》を持たれていた。

従って皇后陛下は明治天皇とともに、わが国の比類《ひるい》なき美術工芸、芸能《げいのう》、各種の「匠《たくみ》の技《わざ》」など伝統芸術及び文化の保持《ほじ》と継承《けいしょう》に深くお心を傾《かたむ》けられて、それらが衰退《すいたい》することなく益々発展を遂《と》げることを強く念願《ねんがん》されてやまなかった。当時の政府指導者たちは、政治・外交・軍事・経済のことで頭が一杯《いっぱい》であったから、美術工芸文化のことまで深く顧《かえり》みる人物は甚《はなは》だ少なかった。そのような時代状況《じょうきょう》にあったから、貴重《きちょう》な美術工芸品が随分《ずいぶん》大量に欧米人に買い取られ海外に流出《りゅうしゅつ》していた。

このことを憂《うれ》えられた皇后陛下は美術展覧会や各種博覧会《はくらんかい》などに数多く行啓《ぎょうけい》されて、すぐれた作品をお買上げになり美術工芸文化発展の先頭《せんとう》に立たれたのである。

あるとき上野における美術展覧会に尾張《おわり》徳川家から出された「初音《はつね》の棚《たな》」という漆工品《しっこうひん》(漆《うるし》で絵模様を描《えが》きこれに金銀などの粉《ふん》や顔料《がんりょう》をまいた美術工芸品)があった。見事な名品《めいひん》だったが、この棚がなぜ「初音」というのかお供《とも》の人々、女官らにはわからなかった。すると陛下は、

「源氏物語の初音《はつね》の巻《まき》の歌に因《ちな》んだのでしょう」

とおっしゃった。一同が近づいてよく見ると蒔絵模様《まきえもよう》の中に金文字《きんもじ》で、

年月《としつき》を　松にひかれて　ふる人は
　けふうぐひす（きょう）（い）の　初音《はつね》きかせよ

と記してあった。一同は「初音」の意味を一目で察知《さっち》された陛下の素養《そよう》に感嘆《かんたん》した。

またある展覧会で蒔絵をほどこした棚があった。お気に召《め》された陛下は、香川皇后宮大夫《こうごうぐうだいぶ》にお買い上げのお心を伝えられた。香川はその旨《むね》、会の役員に伝えると、

「あの品は柴田是真《しばたぜしん》翁《おう》（明治漆工界《しっこうかい》の第一人者）の傑作《けっさく》ですでに購入者《こうにゅうしゃ》が決まっていますが、陛下のお目にとまったことはたいへん名誉なことですし、美術奨励《しょうれい》の趣旨《しゅし》からも有難いので何《なん》とかしてお取《と》り計《はか》らいましょう」

との返答《へんとう》があった。香川がそれをお伝えすると、

「すでに所有者《しょゆうしゃ》のある品であるならば買い上げを申しつけてはいけません」

と言われた。ここにも陛下のつつましい態度がある。

皇后陛下は能楽《のうがく》にも興味《きょうみ》をもたれ、芝山内《しばさんない》の能楽堂《のうがくどう》には英照皇太后《えいしょうこうたいごう》とともに毎年のように出かけられた。

雅《みや》びなことがお好きであった陛下は、初春《はつはる》には女官らとかるた遊びをされた。

かるたは「古今集《こきんしゅう》かるた」「新古今集《しんこきんしゅう》かるた」「源氏《げんじ》かるた」等だが、ことに「源氏かるた」をお好みになり、五十四帖《じょう》(『源氏物語』)の名句《めいく》を選びご自身で筆をとられた。

また春の摘《つ》み草《ぐさ》、筍《たけのこ》ほりや土筆《つくし》狩《が》り、秋の茸狩《きのこが》りなどを楽しまれた。魚釣《さかなつ》りも好まれた。しかし釣り上げた魚はすべて水中に放《はな》たれた。また天皇のおすすめで乗馬《じょうば》もなされた。お体はやや弱かったものの運動神経はなかなかで、明治天皇は「文《ぶん》武両道《ぶりょうどう》に通《つう》じた后《きさい》さん」とおほめになられた。

食べ物は好き嫌いなく毎日、内膳職《ないぜんしょく》の作る食事を快《こころよ》く召上《めしあが》られた。ことにあっさりしたものを好まれた。最もお好みだったのは、興津鯛《おきつだい》の飴煮《あめに》、白魚《しらうお》、菓子では「蓬《よもぎ》が島《しま》」という名の饅頭《まんじゅう》、果物《くだもの》では盛岡産のりんご、いちご、雲州《うんしゅう》(出雲《いずも》)みかんなどである。

伊藤博文の讃嘆
——「日本女性万代《ばんだい》の亀鑑《きかん》」

伊藤博文《いとうひろぶみ》は首相《しゅしょう》として元老筆頭《げんろうひっとう》として最も明治天皇に接《せっ》する機会が多かったが、時に御心《みこころ》にそぐわぬことがありご不興《ふきょう》(ご機嫌《きげん》をそこねること)を蒙《こう》むった際《さい》、しばしば皇后陛下のおとりなしで助けられたことは既述《きじゅつ》した。その伊藤は最晩年《さいばんねん》こう語っている。

「陛下ほどおえらいお方《かた》は他《た》にあるまい。国学《こくがく》はもちろん漢学《かんがく》のご素養《そよう》も十分にあらせられて、およそ日本の女性中、陛下ほど学問に富《と》ませられたものは他にない。しかるにそれを少しも御《おん》おもてにあらわし給《たま》わぬ。天子《てんし》様におむかい遊ばされても、至極《しごく》お控《ひか》え目《め》のご態度で何事《なにごと》も膝《ひざ》をついて畏《かしこま》って仰《おお》せになる。起《た》ってなど一言《ひとこと》も仰せられたことがない。日本女性のありとあらゆる美徳《びとく》をご一身《いっしん》にお集めになったのが皇后陛下で、その坤徳《こんとく》(皇后陛下のご聖徳《せいとく》)の崇《たか》きこと、真《しん》に日本女性万代《ばんだい》の亀鑑《きかん》(模範《もはん》・手本《てほん》)と仰《あお》ぎ奉《たてまつ》るべきお方じゃ」

決してほめ過ぎではない。明治日本の興起《こうき》と躍進《やくしん》は非西洋唯一《ひせいようゆいいつ》の例外《れいがい》であり近代世界史の奇蹟《きせき》であったが、なぜそれが可能であったかと言えば、世界から「大帝《たいてい》」

とまで絶讃《ぜっさん》された明治天皇が存在したからである。明治天皇をかく偉大たらしめたのは、昭憲皇太后という類稀《たぐいまれ》な女神様《めがみさま》の絶大《ぜつだい》な内助《ないじょ》の功《こう》があったと言って決して過言《かごん》ではない。

ご最期《さいご》
——全国民の慈母としての尊きご生涯

明治四十五年七月三十日、明治天皇が崩御《ほうぎょ》なされた。全国民が言い知れぬ悲嘆《ひたん》の底に沈んだが、最も深く哀《かな》しまれたのは皇后陛下であった。大正天皇が即位《そくい》されて、皇后は皇太后《こうたいごう》となられたが、大正三年(一九一四)三月ご発病、四月十一日、崩御《ほうぎょ》された。六十五歳(満六十三歳)である。御追号《ごついごう》が「昭憲皇太后《しょうけんこうたいごう》」である。「国母《こくぼ》」として仰慕《ぎょうぼ》された昭憲皇太后の崩御に官民《かんみん》あげての哀悼《あいとう》は名状《めいじょう》に尽くしがたかった。世界もまた深甚《しんじん》の弔意《ちょうい》を示した。ロンドン・タイムズはこうのべている。

「日本皇太后美子《はるこ》皇后は深く美術、文学を愛し和歌にご堪能《たんのう》で、文明的なまた自由主義的なお考えで、国家国民に国母《こくぼ》陛下としてよく貢献《こうけん》されました。陛下は御《おん》身《み》をもって模範《もはん》を示され、日本女性の地位を高められました」

他の一外国紙はこうのべている。

「皇室と国民が一大家族のような間柄《あいだがら》であるのが日本の国である。その日本で昭憲皇太后は国母としてとりわけ敬愛されている。それは明治天皇と共に維新から続く明治の御代《みよ》の艱難《かんなん》、栄光《えいこう》を歩まれた内助《ないじょ》の功《こう》が高くあらせられたからである。国民に対して実《じつ》に理想的皇后、理想的国母でおわした。宮中《きゅうちゅう》においてはその任《にん》に尽《つ》くされ、国民に災禍《さいか》あるたびごとにご仁慈《じんじ》を垂《た》れ私財《しざい》を投《とう》じて救われた。特に赤十字事業にお力を注《そそ》がれ、日清・日露戦役の時には女官《じょかん》を励ましておん自《みずか》ら包帯巻《ほうたいま》きまで遊《あそ》ばされた。また美術工芸に手厚《てあつ》い保護《ほご》を加えられた。先帝《せんてい》崩御の時、またこのたびの皇太后崩御に見せた日本国民の悲しみは、両陛下のご聖徳《せいとく》がいかに深く広いかを示すものである」

ハンガリーのバイデヤ伯爵《はくしゃく》夫人は生前、皇后陛下に拝謁《はいえつ》したがこうのべている。

「陛下が皇室の弥栄《いやさか》のため国民の幸せの為に献身《けんしん》されたことは素晴らしいことでありますす。日本女性の美しい心、親に尽《つ》くし妻が夫に献身的につかえ、母親が息子に尽くすこの不思議な犠牲的精神に、日本に長く滞在《たいざい》した外国人達は一様《いちよう》に尊敬の思いを深くしています。

その日本女性の美しい特性をとりわけ豊かに備《そな》えられ、いずみから湧《わ》き出《い》づる清水《しみず》のようにご仁慈《じんじ》のお心を国民に注《そそ》がれたのが美子《はるこ》皇太后であらせられたのではないでしょうか。不治《ふち》の癩病《らいびょう》を病《や》む者のために、捨てられた孤児《こじ》の為にお手をさしのべられた皇太后は、私がお話申し上げた慈善事業につきことこまかにご質問なされお聴《き》き下さいました。尊いご仁慈の御性《おんせい》(ご性格)を私はまのあたりに拝《はい》させて頂いたのでありました」

昭憲皇太后は近代日本の新しい出発にあたり、明治天皇とともに「躬《み》をもって衆《しゅう》に先《さき》んじ」(『五箇条の御誓文《ごかじょうのごせいもん》』の一節)、率先垂範《そっせんすいはん》し全国民を安撫《あんぶ》(幸福にする)された国母《こくぼ》・慈母《じぼ》・聖母《せいぼ》として全身全霊《ぜんしんぜんれい》を尽《つ》くされて、それ以後の皇后陛下及び日本女性のお手本となられたのである。

参考文献

『昭憲皇太后実録（上・下・別巻）』宮内庁　吉川弘文館　平成26年
『類纂新輯昭憲皇太后御集』明治神宮　平成2年
『明治天皇』（上・下巻）渡辺幾治郎　宗高書房　昭和33年
『昭憲皇太后の御坤徳』渡辺幾治郎　東洋書館　昭和17年
『昭憲皇太后御一代記』大日本実修女学会編　東京国民書院　大正3年
『昭憲皇太后史』上田景二編　公益通信社　大正3年
『昭憲皇太后の御坤徳』下田歌子　明治聖徳記念学会　大正9年
『昭憲皇太后さま』明治神宮　平成12年
『エピソードでつづる昭憲皇太后』出雲井晶　錦正社　平成13年
『春の皇后　小説明治天皇と昭憲さま』出雲井晶　中公文庫　平成11年
『昭憲皇太后のご生涯』打越孝明　ＫＡＤＯＫＡＷＡ　平成26年
『昭憲皇太后』打越和子　明成社　平成26年

『昭憲皇太后・貞明皇后』小田部雄次　ミネルヴァ書房　平成23年
『昭憲皇太后からたどる近代』小平美香　ぺりかん社　平成26年
『人間明治天皇』栗原広太　駿河台書房　昭和28年
『宮中五十年』坊城俊良　講談社学術文庫　平成30年
『女官』山川三千子　講談社学術文庫　平成28年
『日露戦争・日米外交秘録』金子堅太郎　長崎出版　昭和61年
ほか

第三話

岡倉天心
——日本の「美の伝統」の擁護者

岡倉天心

文久２年(1862)〜大正２年(1913)
本名は覚三。福井藩の武家の子として横浜に生まれる。東京美術学校(現・東京藝術大学)の設立に大きく貢献。日本美術院の創立者。明治の代表的思想家。
(肖像写真：茨城県天心記念五浦美術館提供)

1、世界に冠絶《かんぜつ》する日本美術

明治最大の思想的巨人

岡倉天心《おかくらてんしん》は明治《めいじ》日本の生んだ最も傑出《けっしゅつ》(ずば抜けてすぐれていること)した思想的巨人・偉人であり、日本の「美《び》の伝統《でんとう》」の最大の擁護者《ようごしゃ》であった。西洋の文物《ぶんぶつ》(学問・科学技術・法律・制度・近代産業・文化等)が取り入れられて「文明開化《ぶんめいかいか》」が進み、「欧化主義《おうかしゅぎ》(何事《なにごと》も西洋に習い西洋化することを主《しゅ》とするやり方)」が世を覆《おお》っていた明治期前半《ぜんぱん》、人々から顧《かえり》みられなかった日本美術の優秀性《ゆうしゅうせい》を確信《かくしん》し、わが国の比類《ひるい》なき美の伝統の擁護《ようご》に立上《たちあが》り、日本文化の振興《しんこう》（ふるいおこすこと）を自己の使命《しめい》として生涯《しょうがい》を捧《ささ》げた最大の先覚者《せんかくしゃ》であった。

今日《こんにち》、ようやく日本文明の価値《かち》が見直《みなお》されて、それが世界において独自《どくじ》の一大文明であることが次第《しだい》に認識《にんしき》されつつあるが、明治前期これを確信《かくしん》し得《え》た人物は稀有《けう》といってよかった。多くの人々は絢爛《けんらん》（きらびやかなこと）たる西洋文明に幻惑《げんわく》（目がくらみまどうこと）され圧倒《あっとう》されて、科学技術を柱《はしら》とする物質文明のみならず、思想哲学宗教、倫理道徳《りんりどうとく》、美術文化《びじゅつぶんか》もまた欧米が優等《ゆうとう》と思いこみ、自国の精神文明、美術文化にいわれなき劣等感《れっとうかん》を抱《いだ》き続けたのである。昭和二十年の敗戦後は、さらにその傾向《けいこう》が深まった。

百年以上も前の明治時代、日本人としての確固不動《かっこふどう》の自覚《じかく》と誇りの下《もと》に深い学問見識《けんしき》を備《そな》えて西洋文明に対しいささかの引け目《ひめ》（弱み、気おくれ、欠点）を持たず、羽織袴姿《はおりはかますがた》で流暢《りゅうちょう》な英語を操《あやつ》り堂々と欧米人と交《まじわ》り、今日、古典《こてん》となった『東洋の理想』や『茶の本』を英文で著《あらわ》し、日本の文化文明の卓絶《たくぜつ》（ずば抜けてすぐれていること）した価値を力説《りきせつ》した岡倉天心の偉大さはいかに称讃《しょうさん》しても決して過ぎではない。時代に先駆《さきが》けた天心の偉大さと天才性を知る人は当時も歿後《ぼつご》もきわめて少数であった。真《しん》に偉大なる人物の真価《しんか》が明らかになるのはやはり百年、二百年の歳月《さいげつ》を要《よう》するのであろうか。

橋本左内を敬慕した早熟の天才児

岡倉天心は文久《ぶんきゅう》二年（一八六二）十二月二十六日、横浜で福井藩士岡倉勘右衛門《かんえもん》の次男として生まれた。本名は覚三《かくぞう》、天心は雅号《がごう》（文人《ぶんじん》や画家などが本名のほかにつける別名《べつめい》）である。計数《けいすう》（勘定《かんじょう》）、経済に長《ちょう》じていた父は藩命《はんめい》により藩直営《ちょくえい》の貿《ぼう》易商《えきしょう》を営《いとな》んだ。幼少時《ようしょうじ》、世話《せわ》になった天心の保母《ほぼ》は橋本左内《はしもとさない》の縁者《えんじゃ》であった。左内を深く尊敬していた保母は、幼少の天心に絶《た》えず左内のことを話して聴《き》かせた。この保母の感化《かんか》を受けて、天心は幕末《ばくまつ》の生んだ代表的な和魂洋才《わこんようさい》（大和魂《やまとだましい》をもって西洋文明を学び摂取《せっしゅ》すること）の天才橋本左内を終生敬慕《しゅうせいけいぼ》してやまなかった。進む道は異《こと》なったが天心もまた左内に劣《おと》らぬ早熟《そうじゅく》の天才児であった。

父が貿易商を営むという環境《かんきょう》にあって、天心は七つの時、早くも一アメリカ人につき英語を習った。同時に四書五経《ししょごきょう》等《など》の儒教漢学《じゅきょうかんがく》もみっちり仕《し》こまれた。天賦《てんぷ》（天から与えられた才能）のすぐれた頭脳を授かっていた天心は双方《そうほう》ともたちまち熟達《じゅくたつ》した。

明治六年、父は仕事を変えて東京に移住《いじゅう》した。同年《どうねん》、天心は東京外語《がいご》学校、翌年、東京開成《かいせい》学校に入学したが、十一歳の最年少だった。教師はほとんど欧米《おうべい》人、講義《こうぎ》も答案《とうあん》も英語だったが、天心は何《なん》の不自由もなかった。

明治十年、開成学校は東京大学となり、天心は文学部に入った。当時は文学部・法学部・理学部・医学部の四つである。天心は文学部で政治学、理財学《りざいがく》（経済学）を学びつつ、和文《わぶん》・漢文《かんぶん》・英文の各学科にも出入りして広く深く学んだ。同級生には井上哲次郎《いのうえてつじろう》（後に東京帝大《ていだい》教授）、三宅雪嶺《みやけせつれい》（評論家）、坪内逍遙《つぼうちしょうよう》（小説家）、一期下に嘉納治五郎《かのうじごろう》（講道館柔道《こうどうかんじゅうどう》創立者《そうりつしゃ》『日本の偉人物語２』参照）、加藤高明《かとうたかあき》（大正後期の首相）がいた。

美術への関心は年少時から深かった。天心は一文人画家《いちぶんじんがか》に入門《にゅうもん》して文人画《ぶんじんが》を習っている。さらに加藤桜老《おうろう》という旧笠間藩士《かさまはんし》について琴《こと》を学んだ。加えて音楽全般にも理解を有《ゆう》した。美術、芸術につき元々《もともと》浅からぬ興味と理解があったことが結局、天心の生涯《しょうがい》を左右《さゆう》することになる。また漢詩《かんし》にも才能を示して十代のころから漢詩を作った。このように実《じつ》に多才多芸《たさいたげい》、溢《あふ》れるばかりの才能を持つ天才児であったのである。

東大を卒業したのが明治十三年、満十七歳という若さであった。何ごとも早《そう》熟《じゅく》、早成《そうせい》の天心はその前年には親の勧《すす》めで結婚している。卒業論文は国家論であったが、妊娠中《にんしんちゅう》の妻基子《もとこ》とのつまらぬ夫婦喧嘩《ふうふげんか》により妻は書き上げた論文を燃やしてしまった。やむなく天心は短期間で美術論を書いて提出《ていしゅつ》した。末は大政治家を夢見た天心が、生涯《しょうがい》を日本美術に捧《ささ》げることになったのはこれがきっかけである。人生は人知《じんち》のはからいを越えて展開《てんかい》するところが面白い。

天心とフェノロサ

同年、文部省《もんぶしょう》に入った。東大時代、天心に目をかけてくれた大学副総理《ふくそうり》浜尾《はまお》新《あらた》の推挙《すいきょ》（推薦《すいせん》すること）による。翌年、浜尾は文部省専門学務局長となるが、以後、天心の人物・才幹《さいかん》（才能）を深く認めて引き立ててくれた恩人である。

最初の仕事は音楽取調掛《とりしらべがかり》であった。次いで明治十五年十九歳の時、美術関係の仕事に移る。このときアメリカ人フェノロサと交《まじわ》りを結んだ。フェノロサは明治十一年来日《らいにち》、東京大学のお雇《やと》い教師として政治学・理財学《りざいがく》・哲学などを講《こう》じた。

フェノロサは来日後、たちまち日本の文化、美術に魅了《みりょう》（人の心をひきつけてしまうこと）されて、東京の古道具屋《ふるどうぐや》を歩き回り書画《しょが》・骨董品《こっとうひん》（珍重《ちんちょう》される古美術品・古《ふる》道具《どうぐ》）を買い漁《あさ》ることを楽しみとした。お雇い外国人の報酬《ほうしゅう》は飛び抜けて高かったから、彼らに買われて海外に流出《りゅうしゅつ》した美術工芸品《こうげいひん》は数知れない。英語に堪能《たんのう》だった天心はフェノロサとの接触《せっしょく》から、請《こ》われるままに美術関係の通訳《つうやく》や古書《こしょ》等の翻訳《ほんやく》を託《たく》されるようになり、文部省にきてからつき合いは一層《いっそう》深まった。

明治十五年五月、フェノロサは上流の有識者《ゆうしきしゃ》に対して日本美術に関する講演《こうえん》を行ない、日本画《にほんが》が西洋の油絵《あぶらえ》と比べいかに優秀かを強調《きょうちょう》してこうのべた。

「色彩《しきさい》の豊富《ほうふ》は油絵の誇りとするも、しかしこれも日本画の淡泊《たんぱく》（あっさりしていること）に及ばず。油絵は繁雑《はんざつ》（ごたごたしていること）なるも、日本画は簡潔《かんけつ》（簡単で要領《ようりょう》を得ていること）にして妙想《みょうそう》（すぐれた着想《ちゃくそう》）に長《ちょう》（長所）あり」

「近時《きんじ》、日本人はこの固有《こゆう》（もとからもっていること）の優秀な絵画《かいが》あることを忘れて、何《なに》が故《ゆえ》に徒《いたず》らに油絵に走るや。もしこの固有の優秀の美術を消滅《しょうめつ》せしめずしてこれを振興《しんこう》するならば、日本人は爾後《じご》（以後）数年を待たずして世界万国において美術の冠冕《かんべん》（第一等、最もすぐれていること）たるべし」

通訳したのは天心である。まことに頂門《ちょうもん》の一針《いっしん》（急所をついて痛切《つうせつ》に戒《いまし》めること）、脳天《のうてん》への一撃《いちげき》である。科学技術のみならず、美術文化を含《ふく》め何事《なにごと》も西洋がすぐれているという劣等感《れっとうかん》に陥《おちい》り、西洋文明になびき伏《ふ》した時代に、アメリカ人からこのように警鐘《けいしょう》（警戒、注意を強くうながすこと）されたのである。フェノロサの言葉に最も共鳴《きょうめい》共感《きょうかん》した人物こそ未《いま》だ二十歳に満《み》たぬ天心であった。

古社寺・古美術調査に尽力
――日本美術の優秀性を確信

美術取調掛《とりしらべがかり》として天心が尽力《じんりょく》したのは、古社寺《こしゃじ》・古美術調査である。明治十五年から二十一年までの七年間に天心は五度《ごたび》、各地の社寺《しゃじ》を訪れ、本格的《ほんかくてき》な「美術取調」にあたった。次の通りである。

明治15年　新潟・石川・京都・奈良・大阪
明治17年　長崎・佐賀・京都・奈良・大阪
明治19年　奈良・大阪
明治21年　京都・奈良・大阪・滋賀・和歌山

天心はこの調査により、わが国美術・文化の底知れぬ優秀さに真《しん》に目覚《めざ》めるとともに、その高さ、深さ、美しさに名状《めいじょう》に尽《つ》くし難《がた》い感銘《かんめい》を受けたのであった。

そうして痛感《つうかん》したことはこれらの価値《かち》ある美術品の永久保存《えいきゅうほぞん》の重要性《じゅうようせい》であった。天心は「美術品保存に付《つき》意見」という報告書を提出《ていしゅつ》したがこうのべている。

「現在の寺院《じいん》は、美術の如何《いか》なるを知らず。その保持の必要性についても保存の方法を知らない。このままでは立派な作品が破毀《はき》（破棄《はき》、見捨てられること）に晒《さら》されているし、いつ売られるかも判《わか》らない。すぐに保存に着手《ちゃくしゅ》しなければならない」

　天心はこの報告書において彫刻《ちょうこく》と絵画《かいが》三五〇点、古書目録《こしょもくろく》一一〇点をあげ、それら美術品一つ一つについて所在場所《しょざいばしょ》・作品名・作品の由来《ゆらい》・作者・作品の価値をのべた。さらに天心は別に調査記録を残し、各美術品の特徴《とくちょう》・価値を記し、◎（極上《ごくじょう》）㊉（優良《ゆうりょう》）〇（良《りょう》）等の印《しるし》をつけている。

『全国宝物取調書』明治30年
（茨城県天心記念五浦美術館提供）

　明治十七年、天心はフェノロサとともに

法隆寺《ほうりゅうじ》の「夢殿観音《ゆめどのかんのん》（救世観音《ぐぜかんのん》）」を拝観《はいかん》した。第一話でのべたようにこの救世観音は聖徳太子《しょうとくたいし》の等身大《とうしんだい》の尊像《そんぞう》（仏《ほとけ》・菩薩《ぼさつ》・偉人などの像）である。古来《こらい》、秘仏《ひぶつ》として誰にも拝観を許されなかった国宝《こくほう》であった。天心は「端厳《たんげん》（美しく整いおごそかなさま）の御像仰《ぎょぞうあお》がる。実《じつ》に一生の最快事《さいかいじ》なり」と記している。

明治十九・二十年、天心は美術取調員《とりしらべいいん》としてフェノロサとともに欧米《おうべい》各国へ出張《しゅっちょう》を命ぜられた。九ヵ月にわたりフランス、イタリア、スペイン、ドイツ、オーストリア、イギリス、アメリカを歴訪《れきほう》して主要《しゅよう》な美術館《びじゅつかん》をめぐり、欧米の美術を詳《くわ》しく観察《かんさつ》した。その時の天心の姿は羽織袴《はおりはかま》である。天心は欧米の美術にいささかも圧倒《あっとう》されたり劣等感《れっとうかん》を覚《おぼ》えたりはしなかった。それどころか欧米の美術はつまるところ「空《むな》しく写生《しゃせい》の奴《やっこ》（奴隷《どれい》）」となっているに過ぎずと見てとった天心は、益々日本美術の優秀性を確信したのであった。欧化主義《おうかしゅぎ》が頂点《ちょうてん》に達《たっ》した明治十年代後半、ようやく日本美術の尊重《そんちょう》、擁護《ようご》の声が上がり始めるが、その先頭《せんとう》に立っていたのはいまだ二十代前半《ぜんぱん》の天心であったのである。

東京美術学校の設立《せつりつ》

鹿鳴館《ろくめいかん》（明治十六年完成）に象徴《しょうちょう》（精神、思想などをある形で表現したもの）される極端《きょくたん》な欧化主義《おうかしゅぎ》への反発《はんぱつ》と反省の気運《きうん》が起こり、日本美術の振興《しんこう》、発展を望む声が徐々《じょじょ》に高まった結果、明治十九年、政府はわが国美術教育の学府《がくふ》の設立《せつりつ》を決定した。その中心的な推進者《すいしんしゃ》こそ天心である。

欧米視察《しさつ》から帰った天心は明治二十年一月、東京美術学校幹事《かんじ》に任命《にんめい》された。時に二十四歳。校長事務取扱《とりあつかい》が専門学務局長の浜《はま》尾新《おあらた》である。明治二十二年二月、東京美術学校（現東京芸術大学）が開校《かいこう》された。開設《かいせつ》にあたり一切万事《いっさいばんじ》の準備《じゅんび》、立案《りつあん》、教育方針《ほうしん》、教師選定《せんてい》等すべて天心が担当《たんとう》した。翌年、天心は校長に就任《しゅうにん》した。二十七歳という若さであった。文部省に入って十年目だったが、純日本美術を教養《きょうよう》する学校が出来たのは全《まった》く天心の盡瘁《じんすい》（力をつくし骨を折ること）の賜《たまもの》であった。学校の課程《かてい》は当初《とうしょ》、絵画《かいが》（日本画《にほんが》）、彫刻《ちょうこく》、美術工芸《こうげい》の三科で、年限《ねんげん》は五カ年である。教授《きょうじゅ》は橋本雅邦《はしもとがほう》（筆頭教授《ひっとう》）ほかその道《みち》の専門家を揃《そろ》えた。

以後、東京美術学校はわが国の美の伝統を擁護《ようご》し継承《けいしょう》する美術の殿堂《でんどう》として発展《はってん》を遂《と》げてゆく。天心は十年間、この学校を主宰《しゅさい》（全体をまとめつかさどること）するとともに、明治日本美術界の若き指導者として縦横無尽《じゅうおうむじん》の大活躍をするのである。

後述《こうじゅつ》するがこの年、東京美術学校とともに東京に帝国博物館《ていこくはくぶつかん》（現東京国立博物館）が開設《かいせつ》されたが，天心は同館理事《りじ》・美術部長に任命《にんめい》された。

また同年《どうねん》、同志《どうし》とはかり美術雑誌『国華《こっか》』を創刊《そうかん》した。わが国古美術の顕彰《けんしょう》（世間《せけん》にあらわすこと）と保存《ほぞん》を目的とし、一般国民に美術尊重《そんちょう》の気風《きふう》（一般の風習《ふうしゅう》）を高めんとすることが狙《ねら》いであった。「発刊《はっかん》の辞《じ》」を書いた天心はこう記している。

「それ美術は国の精華《せいか》（すぐれてうるわしいこと、ひかり、輝き）なり。国民の尊敬《そんけい》、欽慕《きんぼ》（敬《うやま》い慕《した》うこと）、愛重《あいちょう》（愛《あい》し尊重《そんちょう》すること）、企望《きぼう》（企《くわだ》て望むこと）する所《ところ》の意象《いしょう》観念《かんねん》（美術作品を作ろうという思い）、渾化凝結《こんかぎょうけつ》（入《い》り交《まじ》って一つにかたまること）して形相《けいそう》（かたち、すがた）を成《な》したるものなり」

「美術に関する奨励《しょうれい》、保存《ほぞん》、監督《かんとく》、教育等に就《つ》いて意見を吐露《とろ》し、絵画《かいが》、彫刻《ちょうこく》、建築《けんちく》及び諸般《しょはん》の美術工芸《こうげい》に就《つ》いて保持《ほじ》、開達《かいたつ》(開いて発達させること)の方針《ほうしん》を指示《しじ》し、国民と共に邦国《ほうこく》(日本)の精華《せいか》を発揮《はっき》せん」

わが国美術工芸品の名作《めいさく》を美しい彩色《さいしょく》で飾《かざ》った『国華』は以後、長らく好評《こうひょう》を博《はく》した。

明治二十三年、宮内省《くないしょう》に帝室技芸員《ていしつぎげいいん》の制度が設《もう》けられ、橋本雅邦《はしもとがほう》ら絵画・工芸等の大家《たいか》がこの栄誉《えいよ》を受けたがこれも天心の提案《ていあん》による。また翌年、天心は日本青年絵画協会を結成《けっせい》した。かくのごとく当時の日本美術界を一身《いっしん》に担《にな》って指導した人物こそ天心であった。

帝国博物館の開設

東京美術学校の設立と並ぶ天心のもう一つの大きな業績《ぎょうせき》が、帝国博物館《ていこくはくぶつかん》の開《かい》設《せつ》である。既述《きじゅつ》したように古社寺《こしゃじ》、古美術の調査に尽力《じんりょく》した天心は、価値ある美術品の永久保存《えいきゅうほぞん》の必要性を痛感《つうかん》した。欧米《おうべい》を視察《しさつ》したとき彼らの美術そのものにはさして感銘《かんめい》を受けなかったが、各国が美術を尊重《そんちょう》し立派《りっぱ》な美術館・博物館を持ちそれを誇りとしていることには、深く脱帽《だつぼう》（敬意を表わすこと）しないわけにはいかなかった。

天心は明治二十一年、近畿《きんき》方面の美術調査にあたったとき京都で「博物館に就《つ》いて」と題して講演《こうえん》、欧米の例を上げながら博物館の役割と重要性を強く訴《うった》えた。その中で博物館や美術館はその都市の象徴《しょうちょう》となり、「都府《とふ》の盛観《せいかん》」に不可欠《ふかけつ》のものと論《ろん》じている。ルーブル美術館や大英《だいえい》博物館等を見てきた天心にとり、世界一の美術の国日本にそれがないことは遺憾極《いかんきわ》まりない（とても残念なこと）ことであった。それゆえわが国には東京・京都・奈良に博物館を建て、奈良は「天平《てんぴょう》以後弘法《いごこうぼう》（空海《くうかい》）以前の博物館とし、日本の最古物《さいこぶつ》を集め以《もっ》て羅馬《ローマ》に比すべく、東京にては徳川美術の粋《すい》を集めアジアの物品を蒐集《しゅうしゅう》（収集《しゅうしゅう》すること）して英京倫敦《えいきょうロンドン》を模《も》し（なぞらえること）、京都には金岡《かなおか》（巨勢《こせ》金岡・絵師《えし》）以後、応挙《おうきょ》（円山《まるやま》）に至《いた》る時代を集めて以て巴里《パリ》に擬《ぎ》して（なぞらえて）」、三館で「日本の美術を海外に輝かしたきは予《よ》(私)のもっとも熱望《ねつぼう》する処《ところ》なり」とのべている。

博物館を開設《かいせつ》することは国家の文化政策において必須不可欠《ひっすふかけつ》の一大事業との確信を有《ゆう》する天心はこれを全力で推進《すいしん》した。その結果《けっか》、明治二十二年、東京・京都・奈良に博物館の設置《せっち》が決定された。

わが国の博物館の歴史をさかのぼれば、近代においては明治四年に「集古館《しゅうこかん》」ができた。次いで明治十五年、上野に新しい博物館が開設された。その後変遷《へんせん》があり、同館は宮内省図書寮付属博物館《くないしょうずしょりょうふぞくはくぶつかん》となったが、いまだ規模《きぼ》が狭小《きょうしょう》であった。これが明治二十二年、面目《めんもく》を一新《いっしん》して帝国博物館《ていこくはくぶつかん》(現東京国立博物館)となった。次いで明治二十八年、帝国奈良博物館(現奈良国立博物館)、明治三十年、帝国京都博物館(現京都国立博物館)が開設された。天心はこれらの開設の一切《いっさい》に関《かか》わり指導的役割を果《はた》したのである。天心にとり東京美術学校における美術教育と帝国博物館における美術品保存の仕事は全《まった》く不可分一体《ふかぶんいったい》であった。天心は明治美術行政《ぎょうせい》の実質的首脳《じっしつてきしゅのう》でもあったのである。

日本美術史の開講
——画期的《かっきてき》な『日本美術史』

東京美術学校校長として天心が行った特筆《とくひつ》すべきことに、日本美術史の講義《こうぎ》がある。従来《じゅうらい》わが国には画人《がじん》の伝記類《でんきるい》はあったが、日本美術史に関する本格的書物は一切《いっさい》なくてその研究も皆無《かいむ》であった。

天心の講義は『日本美術史』として刊行《かんこう》されているが、それはわが国最初の体系的《たいけいてき》美術史として画期的《かっきてき》（新しい時代をもたらすこと）意義《いぎ》を有《ゆう》した。古来《こらい》、何人《なんぴと》もなしえなかった仕事だが、天心の天性《てんせい》というべき鑑識眼《かんしきがん》（物の価値、真偽《しんぎ》を見分ける能力）と卓越《たくえつ》（群を抜きはるかにすぐれていること）した見識《けんしき》（物事を見通すすぐれた意見）がこれを可能にした。天心ほど数多くの古社寺《こしゃじ》を調査し、あまたのすぐれた古美術品を見てきた者はなかった。それゆえにこそこの快挙《かいきょ》（素晴らしい行為）があり得《え》たのである。天心は序論《じょろん》でこうのべている。

「完全なる美術史を得《う》るは到底《とうてい》期《き》しあたうことにあらず、まず概略《がいりゃく》の沿革《えんかく》（物事《ものごと》のうつりかわり、歴史）を挙《あ》げ、またその時代の精神如何《せいしんいかん》を示し、いかなる景況《けいきょう》（ありさま、様子《ようす》）にして、文学、宗教とはいかなる関係を有《も》ち、各時代大家《たいか》はいかに世を支配し、またいかに世に支配されたか、またいかに後世《こうせい》に益《えき》せしかは皆研究せざるべからざるものなり。……ことに東洋美術史にいたりては、従来《じゅうらい》ほとんどこれを研究せしものなし。本朝画史《ほんちょうがし》の類、二、三ありといえども古書《こしょ》によりて画人《がじん》の伝を列《つら》ねたるにすぎず。

　また美術史を編述《へんじゅつ》するにあたりては、古物《こぶつ》を鑑定《かんてい》（美術品の真偽《しんぎ》・善悪を見定めること）するの明《めい》（物事《ものごと》を見抜く知力）を要《よう》す。これ難事中《なんじちゅう》の難事《なんじ》なり。世に誰々の筆なりと称《しょう》するもの信ずべきもの少なし。……ただ自己《じこ》の活眼《かつがん》（物事の本質を見抜く眼識《がんしき》）によるべきのみなり。かくのごとく種々《しゅじゅ》なる困難のあるありて、完全なる美術史を望むことますます難《かた》し。またたとい史上の事実山積《さんせき》するも、いずれをもって真《しん》の事実《じじつ》となさんか。その時代の大勢《たいせい》を洞察《どうさつ》（深く見通すこと、見抜くこと）するの断見《だんけん》（判断と見識）なからずべからず。しかれどもこれまた尋常人士《じんじょうじんし》（ふつうの人）のよくするところにあらず。いわんや余《よ》（私）がごとき浅学《せんがく》（学問が浅いこと）不才《ふさい》のよくするところにあらざるなり。

しかれども余が幾分《いくぶん》か知り、幾分か聞き、また幾分か自信《じしん》するところをもって諸君にのべんとす。その大部分よりすれば大過《たいか》なきを信ずるも、その一部分にいたりては誤謬《ごびゅう》（あやまり）を免《まぬか》るることあたわざらん。諸君これを諒察《りょうさつ》（相手の身《み》になって思いやること）し、閑暇《かんか》（いとま）を得《え》ば一意《いちい》（心をもっぱらそのことに集中《しゅうちゅう》すること）美術史の研究に従事《じゅうじ》し、いまだ世に知られざるの大家《たいか》をも発見し、その他万般《ばんぱん》（すべてにおいて）美術史の材料を供《きょう》（提供すること）してその大成《たいせい》を期《き》せられんことを望む」

日本美術の特質
——世界に冠絶する日本美術

天心はこのような高大《こうだい》な抱負《ほうふ》（心に抱《いだ》く考え、自信、覚悟《かくご》）をもって、更《さら》に日本美術の諸外国にはない卓絶《たくぜつ》した特質《とくしつ》を強調《きょうちょう》している。

「精神上よりいえば、奈良朝《ならちょう》の理想的なる、平安朝《へいあんちょう》の感情的なる、足利《あしかが》（室町時代）の自覚《じかく》的なる、これをその形に現われたるところより論ずれば、壮麗《そうれい》（壮大《そうだい》で美しいこと）、優美《ゆうび》（すぐれて美しいこと）、高淡《こうたん》（気高《けだか》く淡泊《たんぱく》なこと）の三大変化を有《ゆう》す。同一種族《どういつしゅぞく》にしてこの三者《さんしゃ》を具備《ぐび》（そなえること）するは世界その例を見ざるところ、もって大和民族《やまとみんぞく》が美術思想に富《と》めるを証《しょう》すべし（証明《しょうめい》しているとの意）。エジプトにはエジプトの美術ありて一の変化もなく、アッシリア（メソポタミア地域）またしかり、ギリシャの美術は理想的をもって顕《あら》わる。その亡《ほろ》ぶにいたりても決して感情的の美術を生《しょう》ぜず、自覚的の美術もともより見るべからず。イタリアの美術は最も変化に富めりといえども、感情的にして自覚《じかく》、理想の精神を有《ゆう》せず。近世の仏国《ふっこく》（フランス）美術またしかり。ひとりわが人種に限りてこの三大変化を有するは甚《はなは》だ能力の特絶《とくぜつ》（特別にすぐれていること）なるを証《しょう》すべく、もって大いに万国《ばんこく》に誇るに足《た》れり」

「わが美術は上来《じょうらい》（これまで）のぶるごとくに変化に富《と》むといえども、いずれの時においても写生主義《しゃせいしゅぎ》に重《おも》きを置《お》きたることあらず。これわが美術の特質《とくしつ》にして、その高尚《こうしょう》（気高《けだか》く上品《じょうひん》なこと）、世界に冠絶《かんぜつ》（とびぬけて最もすぐれていること）するゆえんなり。ギリシャ美術の興起《こうき》するや実物《じつぶつ》そのままの写生を主《しゅ》とし、イタリアのごとき絵画《かいが》は鏡面《きょうめん》に映《えい》ずるがごとく画《えが》くをもって最上《さいじょう》となし、近世《きんせい》にいたりてもなおしかるなり。

わが奈良朝《ならちょう》、平安朝《へいあんちょう》のごとき、写生はもとより力《つと》めたりといえどもそのままこれを重《おも》んじたるにあらず。……実物《じつぶつ》以外に美の存在を認識《にんしき》するは実《じつ》に東洋美術の大見識《だいけんしき》にして、実物の研究は十分これを力めしかども、ただこれのみに依頼《いらい》せず」

日本美術は世界のどの国にも見られない「壮麗、優美、高淡」の三特色を具備《ぐび》し、西洋美術の「写生主義（写実《しゃじつ》主義）」に決して陥《おちい》らないことが特質で、その高尚さは「世界に冠」たるものというのが天心の日本美術観であった。天心の講義は大きな反響《はんきょう》を呼んだ。それまで日本美術を西洋美術と比較《ひかく》して日本美術が世界一などと言った者も思った者もほとんどいなかったからである。全《すべ》てのことにおいて欧米が卓越《たくえつ》しているとの抜き難い劣等感《れっとうかん》の虜《とりこ》になっていたのが、ことに高等教育を受けた者たちである。天心の講義は、東京帝国大学の学生に聴講《ちょうこう》が許された。また天心は東京高等師範《しはん》学校、慶應義塾《けいおうぎじゅく》、早稲田《わせだ》専門学校等からも招《まね》かれて講義した。当時の学界において高く評価された天心の名講義であり、その著作『日本美術史』は今なおわが美術史の最高峰《さいこうほう》の地位を占《し》めている。

天心は東京美術学校の創立《そうりつ》、帝国博物館の開設《かいせつ》、日本美術院の設立《せつりつ》、『東洋の理想』や『茶の本』の刊行等《かんこうとう》、後世《こうせい》に永遠に残る貴重《きちょう》な大仕事をいくつも残したが、日本美術史の開講《かいこう》はそれらにいささかも劣らぬ大きな貢献《こうけん》であったのである。この仕事がやがて東洋美術を歴史的全体的に見渡すシナ及びインドへの旅へと天心を駆《か》り立てることになる。

シナ旅行
――日本美術の独自性を痛感

明治二十六年、天心はシナ古代の美術文化を探求《たんきゅう》する旅に立った。天心は奈良、京都等の多くの古美術品に触《ふ》れたが、それらの美術と深く関連《かんれん》するシナの六《りく》朝《ちょう》(呉《ご》・東晋《とうしん》・宋《そう》・斉《せい》・梁《りょう》・陳《ちん》)から唐《とう》・宋《そう》にかけての古美術《こびじゅつ》を見たいとの願いをかねて抱《いだ》いていた。

天心は百四十日間、天津《てんしん》、北京《ぺきん》、開封《かいほう》、洛陽《らくよう》、龍門《りゅうもん》、西安《せいあん》、成都《せいと》、重慶《じゅうけい》、漢《かん》口《こう》、南京《なんきん》、上海《しゃんはい》を歴訪《れきほう》した。この時代これほどシナの主要地域《しゅようちいき》を長期間踏破《とうは》した日本人はなく、道路事情は最悪《さいあく》、宿泊施設《しゅくはくしせつ》も不便不潔《ふべんふけつ》極《きわま》りない中でやり遂《と》げるのである。

天心は特に洛陽と西安を見ることを楽しみにしたが、古《いにしえ》の都《みやこ》はともに荒涼《こうりょう》惨憺《さんたん》(荒れはてて見るも無惨《むざん》なこと)たる有様《ありさま》でもはや見るべきものは失なわれていた。ただ龍門では予期《よき》せざる多くの石仏群《せきぶつぐん》を発見したのは大きな収穫《しゅうかく》であった。それは岩壁《がんぺき》に刻《きざ》まれたものだが、古来《こらい》インドで行われていたことがシナに伝えられて、六朝《りくちょう》から唐《とう》の時代に隆盛《りゅうせい》した石仏群を目《ま》のあたりにした天心の喜びは大きく、「ここに至《いた》って西遊初《せいゆうはじ》めて効《こう》あり」と記している。

このあと孔明《こうめい》の物語(『三国志《さんごくし》』のこと)で名高《なだか》い五丈原《ごじょうげん》を過ぎかつての蜀《しょく》の国に

入ったが、成都《せいと》にも何《なん》ら見るべきものはなかった。革命に次ぐ革命の国、シナでは古来の貴重《きちょう》な美術、仏寺《ぶつじ》の多くが破壊《はかい》されて失われた。残っているのは文字の文化だけで、形ある美術文化の大半は死に絶えていた。またわずかに残った美術品は個人が秘匿《ひとく》(ひそかにかくしておくこと)し人々の目に触《ふ》れる機会が少なかった。

天心はシナ旅行により日本美術の独自性《どくじせい》につき強い確信を得《う》るとともに、日本の美術文化が破壊されることなく今日《こんにち》まで保存継承《ほぞんけいしょう》されてきた幸せに、名状《めいじょう》しがたい悦びと誇りを感ぜずにはいられなかった。シナ旅行を終えた天心はシナと日本の文化、美術の特質《とくしつ》について次の結論を得《え》た。

第一は、シナには全体的な通性《つうせい》(共通性のこと)、特性《とくせい》なく、黄河辺《こうがへん》の北部と揚《よう》子江辺《すこうへん》の南部の地域が、風土《ふうど》、文化、政治、言語、人々の性格、容貌《ようぼう》等において大きく異《こと》なり、欧州《おうしゅう》(ヨーロッパ)でいうならゲルマン人種《じんしゅ》とラテン人種のごとき相《そう》違《い》があるということである。天心はこれを「支那《シナ》に支那なし」「支那には支那の通性(共通性)なし」と言っている。

第二は、シナの風景《ふうけい》や生活様式《せいかつようしき》は日本よりもヨーロッパに近く、シナとヨーロッパの密接《みっせつ》な関係をのべている。

第一、第二ともに天心の観察《かんさつ》の鋭さと見識《けんしき》の高さを示している。この時代、シナという国家社会をここまで見抜いていた人物はそういない。たいていは「同文《どうぶん》同種《どうしゅ》」の似《に》た者同士《ものどうし》と思っていたのである。

第三は、日本美術の独自性《どくじせい》であり、決してシナ美術の単なる模倣《もほう》ではないということである。わが国は確かにシナから多くの文物《ぶんぶつ》、美術を取り入れその影響《えいきょう》を受けた。しかしながらわが国はシナとは異なるその上をゆくすぐれた日本美術を生み出し得たことにつき、天心はこうのべている。

「この交通の不便《ふべん》なるがゆえに、古来《こらい》、日本人は支那《シナ》人を買いかぶること甚《はなは》だしく、支那の文章を信崇《しんすう》（信じ崇《あが》めること）すること殊《こと》に甚だしきをもって、支那の事物《じぶつ》はみなその文章のごとく華美《かび》（はなやかで美しいこと）、秀麗《しゅうれい》（秀でてうるわしいこと）、高雅《こうが》（気高《けだか》く雅《みや》びなこと）なるものならんと信認《しんにん》（信用し認めること）したりしなり。かくのごとく非常にこれを買いかぶりこれを尊崇《そんすう》せるところの思想をもって、さらに奮《ふる》って彼を凌《しの》ぎ（上回ること）彼に競《きそ》わんと欲《ほっ》し、おのずから日本美術を発揮《はっき》（もてる力を実際に示すこと）暢達（のび育つこと）せしむることに向って熱心に勤勉刻苦《きんべんこっく》（努力し心身《しんしん》を苦しめて骨折《ほねお》ること）を積《つ》みたるがゆえに、その積累《せきるい》（積み重ねること）の結果《けっか》として日本美術はついに今日《こんにち》のごとく特色独立《とくしょくどくりつ》の域《いき》に達《たっ》したるものにあらずして何《なん》ぞや」

まことに天心ならではの卓越《たくえつ》した見識《けんしき》であり信念《しんねん》であった。現在においても日本人は同じアジアの民族として日本とシナが、人種的文化的文明的に似通《にかよ》っていると単純《たんじゅん》に思いこんでいる人が少なくないがそれは錯覚《さっかく》であり大間違いである。人種的にもかなり異なるし、日本文明とシナ文明は大きな差異《さい》がある。日本とシナとの相違《そうい》は日本とヨーロッパとのそれよりも大きいともいえる。日本文明はシナ文明の分派《ぶんぱ》でも亜流《ありゅう》（あとを追い従うこと）でも子分《こぶん》でもなく、全《まった》く別個《べっこ》の独自《どくじ》の極《きわ》めてすぐれた価値を有《ゆう》するものであることは、今日内外《ないがい》の少なからぬ人々が気づいている。それを百年以上も前にかくも鋭《するど》く見抜《みぬ》いた天心の炯眼《けいがん》（物事を鋭く見抜く眼光《がんこう》、叡智《えいち》）、洞察力《どうさつりょく》、直観力《ちょっかんりょく》は驚嘆《きょうたん》のほかはない。

2、「東洋の理想」を高く掲げて
——東洋美術の宝庫・日本

日本美術院の創立

わが国美術界の若き指導者として、天心は十七歳から三十五歳までの十八年間、順風満帆《じゅんぷうまんぱん》、日の出の勢いで八面六臂《はちめんろっぴ》(一人で多くのすぐれた能力をもつこと)の活躍をした。全《すべ》てが新しい試《こころ》みだったから骨は折れたが、天心は不屈《ふくつ》の精神をもってみな立派にやり遂《と》げた。この時代の仕事だけでも天心の名は国史《こくし》に刻《きざ》まれる価値がある。明治時代は各方面《かく》で新進気鋭《しんしんきえい》（新しく進み出して勢いが盛んなこと）の少壮者《しょうそうしゃ》が大きな仕事をしたが、天心はその最《さい》たる一人であったのである。

しかしかつてない新しい事業を果敢《かかん》（思い切って事を行うこと）に推進《すいしん》せんとするとき、必ず困難《こんなん》、障害《しょうがい》がつきまとうものである。天心の存在をうとましく思い、天心を排斥《はいせき》せんとする人々が一部にあった。明治二十九年、東京美術学校に初めて西洋画科がおかれ、欧州《おうしゅう》（ヨーロッパ）で長らく洋画を学んだ黒田清輝《くろだきよてる》と久米桂一郎《くめけいいちろう》がその教師になった。天心は学校が設立《せつりつ》されて間《ま》もないこの時期に西洋画科を設置《せっち》することに反対だったが、西洋化という時代の大勢《たいせい》と文部当局の強要《きょうよう》（無理に要求すること）によりそれを余儀《よぎ》なくされた。

こうした背景《はいけい》も手伝い美術学校内に天心に反対する一派《いっぱ》が生じ、明治三十一年、天心排斥《はいせき》（おしのけて退《しりぞ》けること）運動が起こされた。一派は天心の私事私行《しじしこう》をあげつらい舞文曲筆《ぶぶんきょくひつ》（事実を歪曲《わいきょく》すること）した怪文書《かいぶんしょ》（出所不明《しゅっしょふめい》のあやしげな文書）を各方面にばらまいた。その結果、天心はついに辞表《じひょう》を出し美術学校を去った。同時に帝国博物館理事もやめた。

事実上の天心馘首《かくしゅ》（首にすること）に対して憤慨《ふんがい》した天心を無二《むに》の指導者と仰《あお》ぐ橋本雅邦《はしもとがほう》、横山大観《よこやまたいかん》、下村観山《しもむらかんざん》、菱田《ひしだ》春草《しゅんそう》ら教授《きょうじゅ》・助教授達が連袂辞職《れんぺいじしょく》（一緒《いっしょ》に辞《や》めること）した。日本美術の擁護《ようご》、発展に誰よりも盡瘁《じんすい》した一大功労者たる天心はこうして弊履《へいり》（やぶれたくつ）の如《ごと》く捨てられ追放《ついほう》されたのである。先駆者《せんくしゃ》、先覚者《せんかくしゃ》のたどるほとんど不可避《ふかひ》というべき宿命《しゅくめい》（生まれる前から定まっている運命）であった。

この大挫折《だいざせつ》に天心は悲憤《ひふん》の涙を流したが、ともに辞職した同志《どうし》たちに報《むく》いる為にもすぐさま立上《たちあが》り同年七月、日本美《にほんび》

日本美術院開設時の美術院の正員・後列右端が岡倉天心　明治 31 年
（茨城県天心記念五浦美術館提供）

術院《じゅついん》を結成《けっせい》するのである。橋本左内《はしもとさない》を尊敬してやまなかった天心は、志士《しし》的な気概《きがい》を終生《しゅうせい》持ち続けていた。

天心は橋本雅邦《はしもとがほう》を日本美術院の「主幹《しゅかん》」として立て、自らは評議員長《ひょうぎいんちょう》の任《にん》についた。評議員は雅邦のほか横山大観、菱田春草らの愛弟子《まなでし》、名誉賛助会員《めいよさんじょかいいん》は二条基弘《にじょうもとひろ》、近衛篤麿《このえあつまろ》、谷干城《たにたてき》、川上操六《かわかみそうろく》、徳富蘇峰《とくとみそほう》、志賀重昂《しがしげたか》らの名士《めいし》が名を連《つ》らねた。川上はこの時、陸軍大将《たいしょう》で参謀総長《さんぼうそうちょう》の要職《ようしょく》にあった。日清戦争の勝利を導く上に最も重大《じゅうだい》な貢献《こうけん》をした当時その声名《せいめい》は内外《ないがい》を圧《あつ》した人物だが、『国《こっ》華《か》』の愛読者《あいどくしゃ》でもあった。日本美術院創立《そうりつ》の声を聞《き》くや前途《ぜんと》を祝《しゅく》して直《ただ》ちに三百円（現在の約六百万円ほど）を寄贈《きぞう》した。十月、下谷区谷中初音《やなかはつね》町に、日本美術院の研究所が完成、盛大な開院式が行われ、同時に記念展覧会が催《もよお》された。雅邦、大観、春草始め京都の竹内栖鳳《たけうちせいほう》、上村松園《うえむらしょうえん》ら二百名が出品《しゅっぴん》した。

日本美術院の正員《せいいん》は雅邦始め二十六人の美術家である。特別賛助会員に川合《かわい》玉堂《ぎょくどう》（画家）、幸田露伴《こうだろはん》（小説家）、尾崎紅葉《おざきこうよう》（小説家）、高山樗牛《たかやまちょぎゅう》（文学者）、坪内逍《つぼうちしょう》遙《よう》（小説家）らがいる。天心の人間関係の広さがわかる。美術院は学術部《がくじゅつぶ》と実技部《じつぎぶ》の二部からなり、実技部は絵画、彫刻、漆工《しっこう》、金工《きんこう》、図案《ずあん》の五部をおいた。またここでは国宝等の美術品の修理《しゅうり》も手がけた。

中心は絵画部でここから横山大観、菱田春草、下村観山始め今村紫紅《いまむらしこう》、小林古径《こばやしこけい》、安田靫彦《やすだゆきひこ》、前田青邨《まえだせいそん》、速水御舟《はやみぎょしゅう》、奥村土牛《おくむらとぎゅう》、小松均《こまつきん》、吉田善彦《よしだよしひこ》等近現代を代表する日本画家が輩出《はいしゅつ》して今日《こんにち》に至《いた》っている。

日本美術院が出発したとき大観や春草はまだ二十代の若さだったが、尊敬おくあたわざる天心のもとでひたすら精進《しょうじん》努力を重ね、新しい日本画の創造に心血《しんけつ》を注《そそ》いだ。制作《せいさく》のかたわら時折《ときおり》近くの料亭《りょうてい》で会飲《かいいん》し声高らかに歌ったのが天心の作ったこの歌である。

谷中《やなか》　鶯《うぐいす》　初音《はつね》の血《ち》に染《そ》む　紅梅花《こうばいか》
　堂々男子《どうどうだんし》は　死《し》んでもよい

鶯＝天心のこと

奇骨侠骨《きこつきょうこつ》　開落栄枯《かいらくえいこ》は　何《なん》のその
　堂々男子は　死んでもよい
奇骨＝風変《ふうがわ》わりで気概《きがい》のある人　侠骨＝男気のある任侠《にんきょう》の人。天心のこと。
開落栄枯＝栄えることと衰退

美術学校を追われた天心は決してめげることなく、谷中初音町に日本美術院を打ち立てて再生の声を上げた。奇骨侠骨の日本男子として勇気を振《ふる》い起《お》こし決死《けっし》の覚悟《かくご》で起ち上ったのであった。その雄渾《ゆうこん》(力強くよどみのないこと)な志士的気概《ししてききがい》がこの歌に溢《あふ》れている。

天心と大観・春草

天心を導師《どうし》と仰《あお》ぎ限りない敬愛《けいあい》を捧《ささ》げて近代日本画の発展に大きな貢献《こうけん》をしたのが、横山大観《よこやまたいかん》と菱田春草《ひしだしゅんそう》である。大観と春草は兄弟の様に親しく切磋琢磨《せっさたくま》

（人格、才能をみがき合うこと）し合った。大観は九十歳まで生き春草は三十七歳の若さで亡くなるが、二人は近代日本画の旗手《きしゅ》（先頭《せんとう》）として数々の名作傑作《けっさく》を残した。ことに大観は天心に最も親愛《しんあい》され期待された。天心なきあと日本美術院を率《ひき》いて今日の隆盛《りゅうせい》をもたらしたが、恩師《おんし》についてこう語っている。

「岡倉先生という方は本当に偉い人でした。時がたてばたつほどその偉さがわかってきます。あれで政治界に志《こころざ》せば大政治家になっていたでしょうし、その他何《ほかなん》でも往《ゆ》くとして可《か》ならざるはなかったお方でした。いわば異常《いじょう》とも見られる天才児、あれくらいの人は稀《まれ》で要するに大偉丈夫《だいいじょうふ》（大偉人）だったのです。

ただ昔のたとえ話にもあるように、盲人《もうじん》が象《ぞう》の脚《あし》をいじったり背中《せなか》を撫《な》でまわしたりしてああだこうだと言っているのとちょうど同じことで、よほど岡倉先生と親しくなさっていたお方でも、先生を本当に理解できた人は少ないと思います。なにしろ学問はあり思想の遠大《えんだい》な人でしたが、そのお話になることはごく簡単で霊感《れいかん》（神仏《しんぶつ》の不思議な感応《かんのう》）的と申しましょうか、常人《じょうじん》の十語《とこと》で言うものは二《に》語《ご》か三語《さんご》ですませてしまわれるくらいでしたから、聞いている方がよほど頭がよくないと何を言われたのかわからなかったでしょう。それで岡倉先生は大変に世《せ》間《けん》から誤解《ごかい》されたようです。ことに俗人《ぞくじん》（世間のふつうの人）にはそうだったろうと思います」

「顧《かえり》みますと私は実《じつ》に岡倉先生から厚い恩誼《おんぎ》（恩、恵《めぐ》み、情《なさけ》）を享《う》けています。私の今日《こんにち》あるのは骨肉《こつにく》も遠く及ばないほどの先生の真実の愛とご鞭撻《べんたつ》（励まし）とご庇護《ひご》（かばい守ること）とがあったからです。先生はどういうものか早くからこの至《いた》らぬ私に対して過分《かぶん》のご期待を寄《よ》せて下さいました。いつも横山、横山と私ばかり呼んで下《くだ》さいました。このありがたい先生のご期待に背《そむ》くまいと、私はただ脇目《わきめ》もふらず一筋《ひとすじ》に芸術への精進《しょうじん》（心をこめて懸命《けんめい》に努力すること）を続けてきました。今日、私がこのはかり知れない先生のご恩誼にお報《むく》いすることのできるものといえば、それはこの芸術への精進という一事《ひとこと》以外に何物もありません」

横山大観《よこやまたいかん》は近代日本画を代表する巨匠《きょしょう》、第一人者として、「生々流転《せいせいるてん》」「山に因《ちな》む十題・海に因む十題」などの数々の名作を残し、昭和十二年、第一回の文化勲章を受けた。「落葉《らくよう》」や「黒き猫《ねこ》」の名作を残した天才画家といわれた菱田《ひしだ》春草《しゅんそう》はこう語った。

「自分は先生には好まれていない。それは知っている。さりとて情《じょう》にも勝《すぐ》れているが智《ち》をもってあれだけ勝《すぐ》れているものは、二百年、三百年しても在《あ》り得《え》ようとは思われない。しかるに会々《たまたま》時を同じうして生まれ、縁《えん》あって師《し》となり弟《てい》となって接触《せっしょく》する。無限《むげん》の幸福としなければならぬ。如何《いか》にお気に召《め》さなくとも私は離れ得《え》ない」

天心の弟子達への影響・感化《かんか》がいかに甚大《じんだい》（非常に大きいこと）であったかが思いやられる。

インドへの旅

壮志《そうし》（さかんな大きな 志《こころざし》）を掲《かか》げて出発した日本美術院の歩みは決して平坦《へいたん》ではなく、数年後、経営に行詰《ゆきづま》り困難《こんなん》に直面《ちょくめん》した。横山大観らは新しい日本画の創造のため新手法《しんしゅほう》を用《もち》いたが、当初《とうしょ》は世間から評価《ひょうか》されず嘲罵《ちょうば》（あざけり、ののしり)すら浴《あ》びた。

そうした中で天心は明治三十四年春、インドへ旅立った。シナ旅行の後、次にインドの旧蹟《きゅうせき》、古《こ》美術《びじゅつ》を実見《じっけん》することはかねての宿望《しゅくぼう》(前々からの希望)であった。天心は約一年間、インド国内の主《おも》な歴史的名所《めいしょ》・遺跡《いせき》を尋《たず》ね歩いた。アショーカ王の石欄《せきらん》(石のてすり)・石柱《せきちゅう》、アジャンタの石窟壁画《せっくつへきが》、エローラの彫刻《ちょうこく》、オリッサの石窟《せっくつ》、ガンダーラ、マツラア、ブタガヤ、ペナレス等の文物《ぶんぶつ》・遺跡《いせき》等、インドの宗教・美術史上の重要地点を漏《も》らさず踏査《とうさ》(実際にそこに行き調査すること)した。天心はインド古代の美術、文化に驚嘆《きょうたん》してこうのべている。

「総《そう》じてインドの文物《ぶんぶつ》、遺跡の宏大《こうだい》(広大)なることは古代ローマも及ぶべからず。これに比《ひ》すればパリ、ロンドンの如《ごと》きは児戯《じぎ》のごとく見ゆ(とても比較にならないこと)」

天心は先にシナを見、いまインドを見て、日本及びシナとインドの美術の浅からぬつながりにつきこうのべている。

「アジア古代の美術がほとんど一つの織物《おりもの》のごとくなって、日本は支那《シナ》を経《けい》(たていと)とし印度《インド》を緯《い》(よこ糸)として織《お》り出《だ》した有様《ありさま》がある。仏《ほとけ》(釈迦《しゃか》)在世以後《ざいせいいご》、阿育《アショカ》王並びに月氏族《げっしぞく》のカニシカ王時代のものは、不思議にも漢《かん》・魏《ぎ》・六朝《りくちょう》、延《ひ》いては古代朝鮮並びに我が推古朝《すいこちょう》に至《いた》るまでの日本美術と性質を同じくしたことである」

天心はアジャンタの石窟壁画と法隆寺金堂壁画《こんどうへきが》の手法《しゅほう》、エローラの石彫《せきぼり》と龍《りゅう》門《もん》の仏像と薬師三尊《やくしさんぞん》(薬師寺《やくしじ》)の様式《ようしき》の同一《どういつ》を指摘《してき》して、日本、シナ、インドの美術における密接不離《みっせつふり》の関係を体感《たいかん》したのである。このように古代インドには極《きわ》めてすぐれた美術と文化があった。しかし今やかつての栄光《えいこう》は失われて、インドはイギリスの植民地となり果《は》て呻吟《しんぎん》(苦しみうめくこと)していた。インドを「アジアの孤児《こじ》」とよんだ天心は、インドの惨憺《さんたん》(いたましくみじめなさま)たる現実に深い悲しみと同情を抱《いだ》いた最初の人物であった。

天心とタゴール
――日本とインドの真の出会い

滞在中《たいざいちゅう》、天心は後《のち》にノーベル文学賞を受けるインドの代表的詩人タゴールと親交《しんこう》を結んだ。タゴールは大正十三年（一九二四）来日《らいにち》、日本人に対してこう語っている。

「私は日本から来た一人の偉大な独創的《どくそうてき》な人物に接《せっ》したとき、真《しん》の日本に出会《であ》いました。この人は長い間私どもの客となり、その頃のベンガルの若い世代《せだい》にはかり知れない霊感《れいかん》（神仏からきたる不思議な感情、思い）を与えました。それは私どもの国で国民の自覚が急激《きゅうげき》に勃興《ぼっこう》（にわかにおこること）した一時期（日露戦争の時）の直前《ちょくぜん》の日でありました。東方《とうほう》の声がこの人から私どもの国の若い人々に伝えられました。これは意義深《いぎぶか》い事件であり、私自身の生涯《しょうがい》の中で記念《きねん》すべき出来事でありました。

私がここに語ってきたこの友は真の日本人でありました。彼の中に溢《あふ》れた真実のゆえに他の東洋の民族（インドのこと）を深く理解したのだと私は信じます。彼が私どもの中で私どもと共に過ごした日々は、青年たちにとって歓喜《かんき》と熱情《ねつじょう》とにあふれた素晴らしい日々でした。熱烈《ねつれつ》な愛をもって彼は当時の青年たちと一体となり、青年たちは今も彼を覚えています。

これが私どもの国で起こった真《しん》のめぐり会い、日本との出会いでした。皆さん、この出会いこそその前後に起こったどのような事柄《ことがら》にも増《ま》して、私どもベンガル人の心をあなた方の国へ引きつけたと私は確信しています。ベンガルにおける精神のめざめを導いた影響の一つは、まさにあの偉大な人格、岡倉天心の心から発したものであることを、私は今日《きょう》この会合《かいごう》の席で悦《よろこ》んで告白《こくはく》したいと思います」

このようにタゴールは言葉を尽《つ》くして天心を讃嘆《さんたん》してやまなかった。日本とインドの相互《そうご》理解の始めにおいて、両国の最高の知性《ちせい》が出会ったのである。インド人はこの時より日本に対して深い敬意《けいい》を抱《いだ》き、三年後の日露戦争時、その念《ねん》は益々高まり「国民の自覚が急激に勃興」して、民族独立への契機《けいき》(きっかけ)を与えられることになった。今日《こんにち》、インドは世界有数《ゆうすう》の親日国《しんにちこく》(『日本の偉人物語7』藤原岩市参照)だが、その端緒《たんしょ》(いとぐち、きっかけ)を作った人物こそ天心であった。タゴール始めインドの人々は岡倉天心という明治最高の思想的巨人、日本精神の一権化《いちごんげ》（ある特性《とくせい》をいちじるしく発揮《はっき》した人）に「はかり知れない霊感」を与えられるとともに、「真の日本」「真の日本人」にめぐり会えたのである。日本とインドはかつて仏教を通《とお》して出会った（『日本の偉人物語8』空海参照）。それから千年以上経《へ》て岡倉天心を通して再び出会った。ここに日本とインドというアジアの二大国の将来を暗示《あんじ》するがごとき、近代における幸福な出会いがあった。

天心は亡くなる前年《ぜんねん》（明治四十五年）再びインドを訪れ、ブリヤバダ・デーヴィーバネルジーというタゴールの親戚《しんせき》の一女性詩人と出会い、亡くなるまでの一年間、文通《ぶんつう》した。それは日本とインドの純なる気高《けだか》い魂の深い結合《けつごう》であった。

『東洋の覚醒』——天心のインドへの深い愛情

タゴールを始めインドの人々をかくも感銘《かんめい》させ覚醒《かくせい》せしめた天心は、一体《いったい》なにを語ったのであろうか。それを示すものが『東洋の覚醒』である。この書はインド滞在中《たいざいちゅう》に英文で書かれたが生前未刊行《せいぜんみかんこう》の名著《めいちょ》であった。その主要《しゅよう》な所を掲《かか》げよう。

「アジアの兄弟姉妹よ！

我々の父祖《ふそ》の地は大いなる苦難《くなん》のもとにある。今や東洋は衰退《すいたい》の同義語《どうぎご》になり、その民は奴隷《どれい》を意味している。たたえられている我々の温順《おんじゅん》さは礼儀《れいぎ》を装《よそお》った異国人《いこくじん》の卑怯《ひきょう》なあざけりにほかならない。我々は商業の名のもとに好戦《こうせん》の徒《と》を歓迎《かんげい》し、文明の名のもとに帝国主義者《ていこくしゅぎしゃ》を抱擁《ほうよう》し、キリスト教の名のもとに残酷《ざんこく》の前にひれ伏《ふ》してきた」

「『黄禍《こうか》』（黄色人種《おうしょくじんしゅ》が栄えることにより白色人種が受ける禍《わざわ》い。当時の西洋人の一主張《しゅちょう》）の幽霊《ゆうれい》は往々《おうおう》にして西洋の罪悪感《ざいあくかん》が作りあげたものであった。東洋の静かな凝視《ぎょうし》（目をこらし見つめること）を『白禍《はっか》』（非西洋民族を劣等視《れっとうし》して植民地《しょくみんち》・隷属国《れいぞくこく》とする白人の禍《わざわ》い）に向けようではないか。私は諸君《しょくん》に暴力を呼びかけているのではない。私は諸君の勇気《ゆうき》に訴《うった》えているのであり、侵略《しんりゃく》を呼びかけているのではなくその自覚《じかく》を求めているのである。ヨーロッパの栄光はアジアの屈辱《くつじょく》である！」

「極東《きょくとう》は今や生体解剖《せいたいかいぼう》のまな板の上にのせられた。我々はシナにおいて一八四〇年の阿片《アヘン》戦争に『白禍』を感じ取った。この最も忌《い》まわしい戦争で大砲《たいほう》の脅迫《きょうはく》のもとに毒物《どくぶつ》（アヘンのこと）が我々に強制《きょうせい》され、香港《ホンコン》が奪い取られてイギリス人の作戦根拠地《さくせんこんきょち》となった。一八五七年のアロー号事件では再び何《なん》の口実《こうじつ》（理由）もなしに英仏連合軍《えいふつれんごうぐん》が北京《ペキン》に侵入《しんにゅう》して夏宮《かぐう》（清朝《しんちょう》の夏の宮殿）の略奪《りゃくだつ》を行い、その財宝《ざいほう》は今日《こんにち》に至《いた》るまで彼らの芸術品収集《しゅうしゅう》の誇りとなっている。二年後には、三色旗《さんしょくき》（フランス国旗）はついにサイゴンにひるがえってアンナン及びトンキンをその保護領《ほごりょう》とし、シャム（タイ）を脅迫《きょうはく》してメコン河の南に後退《こうたい》させた。保護領！　一体誰から保護するというのか。次の年には合衆国（アメリカ）を先頭《せんとう》とする全世界の武装使節《ぶそうしせつ》は、日本に開港《かいこう》を命ずる為にその扉《とびら》をたたいたのである」

「ヨーロッパの政策《せいさく》は、支配するために分裂《ぶんれつ》させることを決して忘れない。彼はスンニ派（イスラム教の正統派《せいとうは》）とシーア派（分離派《ぶんりは》）が敵対《てきたい》し合い、スルタン（オスマントルコの皇帝の称号《しょうごう》）とシャー（イラン王の称号）が国境紛争《こっきょうふんそう》と対立的外交《たいりつてきがいこう》に巻《ま》き込《こ》まれるように常に気《き》を配《くば》ってきたし、日本とシナの戦争を煽《あお》り立てることには並々《なみなみ》ならぬ熱意《ねつい》を示している。……インドではヒンズー教徒とイスラム教徒との分裂《ぶんれつ》を助長《じょちょう》し、各地方がその言語を持ち、各宗派《かくしゅうは》が他の宗派の神々の礼拝《らいはい》を汚《けが》すような地方的愛国心をあおりたてる。……彼らは民衆の意識《いしき》を融合《ゆうごう》させるような民族英雄あるいは共通の理想の記憶《きおく》を極度《きょくど》に恐《おそ》れている。しかし我々は愚《おろ》かにも彼らの策謀《さくぼう》に屈服《くっぷく》してきたし、今なお屈服し続けている」

この最後の数行《すうぎょう》はことに重要である。大東亜戦争後《だいとうあせんそうご》、わが国はアメリカの占領統治《せんりょうとうち》を受けたが、アメリカが日本人の強い愛国心と大和魂《やまとだましい》を根こそぎにする為に行ったことが、日本国民から「民族英雄と共通の理想の記憶」を奪い去ることであった。日本人をして誇るべき歴史を持たぬ魂なき無国籍人《むこくせきじん》にしようと狙《ねら》ったのである。その後遺症《こういしょう》は今なお消滅《しょうめつ》していない。私が『日本の偉人物語』を書くに至《いた》ったのはこうした背景《はいけい》がある。

このように天心は欧米列強のアジア侵略の歴史を鳥瞰《ちょうかん》（大局的《たいきょく》に見ること）し、いち早くイギリスに蹂躙《じゅうりん》（ふみにじり支配すること）されたインドの現状をこう痛嘆《つうたん》した。

「やせ衰《おとろ》えたインドの姿が言い様《よう》のない悲しみをもって私の前に浮かんでくる。……高貴《こうき》な理想《りそう》と高貴な偉業《いぎょう》の祖国《そこく》——インド。だが今日、私の眼のまえに見えるのは永遠に失われた親の愛をむなしく求めるアジアの孤児《こじ》である。私が見るのは宝石《ほうせき》をちりばめた恥辱《ちじょく》の勲章《くんしょう》を胸に輝かせた王と太守《たいしゅ》。想いおこすことを許されぬいにしえの栄光《えいこう》を若者から隠している白髪《しらが》の学者《がくしゃ》。縫《ぬ》いとりをしたサリーの上に愛国の涙を落とす薄暗いゼナーナ（上流階級の婦人部屋）。抗議《こうぎ》する勇気《ゆうき》のない国民会議派《こくみんかいぎは》。自分たちの力で保護《ほご》することのできぬ経済《けいざい》、企業《きぎょう》。飢饉《ききん》で枯《か》れた稲田《いなだ》。疫病《えきびょう》の荒れ狂う市場《いちば》。恥辱《ちじょく》で飾《かざ》られた記念碑《きねんひ》。そうしたインドである」

これらの言葉をタゴールたちは胸抉《むねえぐ》られる思いで聴《き》いたことであろう。それは冷たい批判《ひはん》ではなかった。古代インドの輝かしい歴史と精神、美術と文化に対してインド人以上に深い理解《りかい》と尊敬《そんけい》と愛情の念《ねん》を抱《いだ》く日本人岡倉天心の切々《せつせつ》たる（心にせまること）言々《げんげん》は、インド人の胸奥《きょうおう》を刺《さ》し貫《つらぬ》いたのであった。インドの目《め》覚《ざ》めはここから始まるのである。

インド人を覚醒させた先駆者

そのあと天心は何ゆえ日本のみ独立を堅持《けんじ》して新生《しんせい》し得《え》たかにつき力強くこうのべた。

「日本の輝かしい新生《しんせい》はアジアの復興《ふっこう》の実例《じつれい》として極《きわ》めて教訓的《きょうくんてき》である。日本はまた民族統一《みんぞくとういつ》の達成《たっせい》と西洋の征服《せいふく》に対抗《たいこう》する軍隊《ぐんたい》の建設《けんせつ》という二重《にじゅう》の問題を持っていた」

明治日本の最大の課題《かだい》は、いかにして欧米《おうべい》の植民地化《しょくみんちか》を阻止《そし》し国家の独立・民族の存立《そんりつ》を守り抜くかであり、その為必須不可欠《ひっすふかけつ》（なくてはならぬもの）の強力《きょうりょく》な近代的陸海軍《りくかいぐん》の建設であった。橋本左内《はしもとさない》を敬慕《けいぼ》してやまぬ明治の愛国志士《あいこくしし》である天心はさすがに、国家最大の課題をしっかり把握《はあく》していた。

「ヨーロッパ列強《れっきょう》は覇権《はけん》（支配権）を争う様々《さまざま》の敵対勢力《てきたいせいりょく》に抜目《ぬけめ》なく援助《えんじょ》を与えようとしていたし、二千五百年にわたって主権《しゅけん》を侵《おか》されたことのない大和《やまと》の国はたやすくインドの運命《うんめい》を追ったかも知れないのである。

しかし、さし迫《せま》った危険を見てとって難《なん》を救う為に働いた少数の人々がいた。一人の詩人（頼山陽《らいさんよう》）、一人の歴史家（吉田松陰《よしだしょういん》）、一人の哲学者《てつがくしゃ》（勝海舟《かつかいしゅう》）、一人の将軍《しょうぐん》（西郷隆盛《さいごうたかもり》）、一人の大臣《だいじん》（大久保利通《おおくぼとしみち》）、彼らの名前によって彼らの功業《こうぎょう》の全《ぜん》歴史《れきし》を覆《おお》うことができるであろう。尊皇攘夷《そんのうじょうい》（天皇を尊崇《そんすう》し高く仰《あお》ぎ欧米の侵略を払いのけ日本の独立を固《かた》く守り抜くこと）！　これが彼らの叫《さけ》びであった。それは天皇の復帰《ふっき》と外国人の撃退《げきたい》であり、民族統一と民族独立であった」

天心が語るように、日本人が天皇を戴《いただ》いて分裂《ぶんれつ》を回避《かいひ》し民族を統一しえたことが、欧米の強圧《きょうあつ》をはね返して独立を全《まっと》うし新生し得《え》た根因《こんいん》であった。

天心は終生《しゅうせい》、武士の子としての気概《きがい》を持ち続け、わが国が植民地化《しょくみんちか》を阻止《そし》し欧米の奴隷《どれい》とされずに明治維新を成就《じょうじゅ》しえた歴史に何より深い誇りを抱《いだ》いていた。天心を明治の美術と文化という視点《してん》からだけ見ては、天心の真面目《しんめんもく》（本当の姿）を見損《みそこな》う。東大時代には政治家を目指《めざ》していた天心は、常に日本という祖国、民族の運命を考えることを寸時《すんじ》も忘れることはなかった。一国の美術、文化の擁《よう》護《ご》・発展《はってん》は国家の確固《かっこ》たる独立なしにはあり得ないことを深く知り抜いていた人物こそ天心であった。日本の「美の伝統の擁護《ようご》」という重大使命《じゅうだいしめい》を担《にな》った天心は、生涯志士《しょうがいしし》の心を失わなかった「明治のサムライ」であったのである。

こうした天心だからこそインドとインド人へのその厚《あつ》い思いは、彼らの心を深く打ちその愛国の魂を強く揺《ゆ》さぶらずにはおかなかったのである。インド人を最初に覚醒《かくせい》させた先駆者《せんくしゃ》として、岡倉天心の存在は特筆《とくひつ》されなければならない。

歴史的名著『東洋の理想』
——日本はアジア文明の博物館

インド旅行は天心の日本美術についての従来《じゅうらい》の確信《かくしん》を決定的《けっていてき》なものにした。その思いを書物《しょもつ》に著《あらわ》したのが、代表作『東洋の理想』である。旅行前から書き

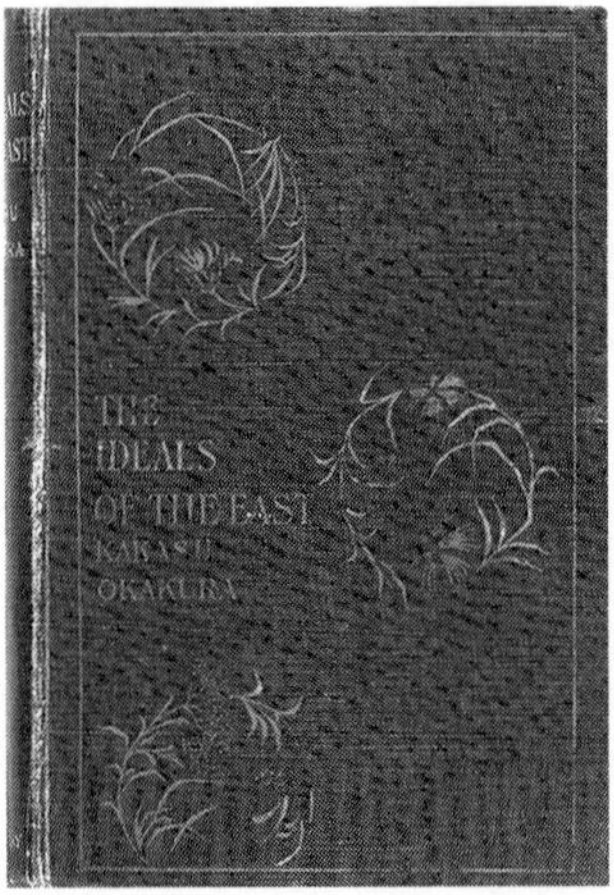

『原題：The Ideals of the East（東洋の理想）』
明治36年　（茨城県天心記念五浦美術館提供）

始め滞在中《たいざいちゅう》に完成した。この英文著作《ちょさく》は明治三十六年二月、ロンドンで発行《はっこう》された。明治時代、わが先人達《せんじんたち》は英文を以《もっ》て日本及び日本人について欧米人を啓《けい》蒙《もう》（迷いをひらき正しい知識を与えること）することに尽力《じんりょく》した。その代表的著作が『代表的日本人』（明治二十七年、内村鑑三《うちむらかんぞう》）、『武士道《ぶしどう》』（明治三十三年、新渡戸稲造《にとべいなぞう》）並びに天心の本書と『茶の本《ちゃのほん》』（明治三十九年）である。これらの名著はいずれも欧米人に大きな反響《はんきょう》をまきおこした。

本書はインド人を含《ふく》めた海外の人々に対する日本美術についての啓蒙書《けいもうしょ》である。それは日本の美術・文化の稀有《けう》の価値を世界に力強く訴えた一大文章であり、「東洋の理想」を象徴《しょうちょう》するものこそわが日本の美術文化であることを高らかに謳《うた》い上げた歴史的名著であった。

天心はわが国の美術、文化、文明はシナ及びインドの両文明の影響を強く受けたが決《けっ》してそれに呑《の》みこまれず、またその模倣《もほう》（まね）、亜流《ありゅう》（追随《ついずい》、第二流）に終ることなく、それらを十分に吸収消化《きゅうしゅうしょうか》してそれらの上をゆき、日本の清純《せいじゅん》な自然風土《しぜんふうど》とすぐれた国民性の中で融合同化《ゆうごうどうか》せしめ、わが国独特《どくとく》かつ世界に比類《ひるい》なき美術、文化、文明を築き上げたことを流麗雄渾《りゅうれいゆうこん》（のびのびとして美しく力強くよどみないこと）な名文で描《えが》ききった。同時期に書かれた既述《きじゅつ》の『東洋の覚醒《かくせい》』と同一の精神、気魄《きはく》（気力、強い精神）を以《もっ》て著《あらわ》されたものである。主要《しゅよう》なところを挙《あ》げよう。

「一系《いっけい》の君主《くんしゅ》（万世一系《ばんせいいっけい》の天皇《てんのう》）を戴《いただ》く比類《ひるい》ない幸せ、征服《せいふく》されたことのない民族の誇り高い自尊心《じそんしん》、膨張《ぼうちょう》を犠牲《ぎせい》にして祖先伝来《そせんでんらい》の理念《りねん》（最高の理想）と本能《ほんのう》を守った島国的孤立《しまぐにてきこりつ》が、日本をアジアの思想と文化を託《たく》する真《しん》の貯蔵庫《ちょぞうこ》とした。

王朝《おうちょう》の変動《へんどう》、タタールの騎馬兵《きばへい》（蒙古《もうこ》のこと）の侵入《しんにゅう》、怒《いか》り狂《くる》った暴民《ぼうみん》の殺戮《さつりく》（むごたらしく殺すこと）と破壊《はかい》――こうしたものに幾《いく》たびとなく襲《おそ》われて、シナにはその文献《ぶんけん》と廃墟《はいきょ》のほかには唐代《とうだい》の帝王《ていおう》たちの栄華《えいが》や、宋代《そうだい》の典雅《てんが》（端正《たんせい》で上品《じょうひん》、雅《みや》びなこと）を想《おも》い起《お》こさせるものは何も残っていないのである。

アショカ王――その勅令《ちょくれい》（王の命令）によってアンチオキア（古代シリア帝国の首《しゅ》都《と》）やアレクサンドリアの君主《くんしゅ》たちを左右《さゆう》したアジアの帝王の理想的典型《てんけい》（手本・模範《もはん》）――この王の威勢《いせい》（威力《いりょく》、勢い）も今ではバールフット（中央インドにあり、仏教遺跡《いせき》で有名）やブダガヤ（釈迦《しゃか》が悟《さと》りを開いた地）の崩《くず》れかかった石の間にほとんど忘れられている。

インド芸術の荘厳《そうごん》（尊くおごそかなさま）な成果《せいか》もフン族（北アジアの遊牧騎馬《ゆうぼくきば》民族）の乱暴《らんぼう》な取扱《とりあつか》いや回教《かいきょう》（イスラム教）徒《と》の狂信的《きょうしんてき》な偶像破壊《ぐうぞうはかい》や、金銭《きんせん》ずくのヨーロッパの無意識的《むいしきてき》な文物破壊《ぶんぶつはかい》の為にほとんど抹殺《まっさつ》されて、今はアジャンタのかび臭《くさ》い岩壁《がんぺき》やエローラ（石窟寺院《せっくつじいん》で有名）の痛《いた》めつけられた彫刻《ちょうこく》や岩に刻《きざ》まれたオリッサ（ベンガル湾に面した州）の無言《むごん》の抗議《こうぎ》や、そして最後に優雅《ゆうが》（上品でみやびやかなこと）な家庭生活の中で美があわれにも宗教にすがりついている現代の家具《かぐ》調度《ちょうど》の中に、わずかに過去の栄光《えいこう》をたずねることができるだけである」

「アジアの文化遺産《いさん》をその秘蔵品《ひぞうひん》によって一貫《いっかん》して研究できるのは日本においてだけである。帝室御物《ていしつぎょぶつ》（皇室《こうしつ》の所蔵品《しょぞうひん》）、神社《じんじゃ》、発掘《はっくつ》された古墳《こふん》などは、漢代《かんだい》の技術の精妙《せいみょう》な曲線《きょくせん》を見せてくれる。奈良の寺々《てらでら》は唐代《とうだい》文化及びこの古典《こてん》時代の制《せい》作《さく》に大きな影響を与えた隆盛期《りゅうせいき》のインド芸術を示す作品に富《と》んでいる。

諸大名《しょだいみょう》の宝蔵《ほうぞう》も宋《そう》及び元朝《げんちょう》に属する芸術品や写本《しゃほん》を豊富《ほうふ》におさめている。そして当のシナでは宋朝《そうちょう》のものはモンゴルの征服の間に、元朝《げんちょう》のものは反動的《はんどうてき》な明《みん》の時代に失われてしまったので、現代シナの一部の学者は彼らの古代知識の源《げん》泉《せん》(みなもと)を日本に求める有様《ありさま》である。

こうして日本はアジア文明の博物館になっている。いや博物館以上のものである。なぜならばこの民族の不思議な天才は、古いものを失うことなしに新しいものを迎《むか》えいれる生きた不二一元《ふじいちげん》(二つとないこと、一つであること)論の精神で過去《かこ》の理想の全《すべ》ての相《そう》に思いをこらすからである。神道《しんとう》は今なお仏教渡来《とらい》以前の祖先《そせん》崇拝《すうはい》の儀式《ぎしき》を守っているし、仏教徒は仏教徒でこの宗教の発展上の様々《さまざま》な宗派《しゅうは》を守っている。

和歌《やまとうた》、そして藤原貴族《ふじわらきぞく》の体制下《たいせいか》にあって唐《とう》の理想を反映《はんえい》した舞楽《ぶがく》は、宋代啓《そうだいけい》蒙《もう》(迷いをひらいて正しい知識を与えること)期《き》の所産《しょさん》である幽玄《ゆうげん》(奥深く容易《ようい》に知りえないこと)な禅《ぜん》や能《のう》とおなじく今日《こんにち》に至《いた》るまで霊感《れいかん》とよろこびの源《みなもと》である。日本を近代強国の地位に押し上げ、しかもアジアの魂《たましい》に対する忠実《ちゅうじつ》さを失わないでいるのは実《じつ》にこの固執性《こしつせい》(日本の伝統、文化、宗教を固く保持《ほじ》、継承《けいしょう》せんとする粘《ねば》り強い精神性のこと)なのである」

天心はわが国が万世一系《ばんせいいっけい》の天皇を戴《いただ》く世界に比類《ひるい》なき国柄《くにがら》と歴史を有《ゆう》するがゆえに、シナやインドのように伝統、文化の断絶《だんぜつ》がなくそれらが継承されてきたとともに、シナやインドではもはやすたれてしまった思想、文化、文明をもしっかりと受けつぎ、日本をして「アジアの思想と文化を託する貯蔵庫」たらしめ、わが国が「アジア文明の博物館」否《いな》「博物館以上のもの」となり得たことを力説《りきせつ》してやまないのである。

日本文明の独自性
――アジアの二大文明の融合同化

日本がシナやインドの文明を咀嚼《そしゃく》(よくかみしめ消化すること)し融合同化《ゆうごうどうか》し独自《どくじ》の新しい価値《かち》を創造《そうぞう》したことにつき天心はこうのべる。

「わが民族的誇りと有機的結合《ゆうきてきけつごう》(全《すべ》てのものがうまく結合すること)という巌《いわお》は、アジア文明の二つの偉大な極《きょく》から押《お》し寄《よ》せる大波《おおなみ》をかぶりながらも、各時代を通《つう》じて確固《かっこ》として揺《ゆ》らぐことがなかった。民族の天分《てんぶん》はかつて圧倒《あっとう》されたことがなかったのである。模倣《もほう》が自由な創造性《そうぞうせい》にとって代《かわ》るということはかつてなかった。外からの影響がどんなに巨大《きょだい》なものであっても受け入れ、改めて使いこなすだけの豊かな活力《かつりょく》が常に存在《そんざい》していた。大陸アジアの日本との接触《せっしょく》が常に新しい生命と霊感《れいかん》を生むのに寄与《きよ》したことは、大陸アジアの光栄《こうえい》である。そして単《たん》なる政治的意味にとどまらず、もっともっと深く生きた自由の精神として、生活、思想及び芸術において他の征服《せいふく》を許さないということ、これこそアマの民族(日本民族のこと)の最《もっと》も神聖《しんせい》な名誉《めいよ》なのである」

「あの勇ましい神功皇后《じんぐうこうごう》の心を燃えたたせ、大陸帝国に対抗《たいこう》して朝鮮の従属王《じゅうぞくおう》国《こく》を保護《ほご》する為に海を渡らせたのはこの意識《いしき》であった。権勢《けんせい》を極《きわ》めた隋《ずい》の煬帝《ようだい》を『日没《ひぼっ》する国の天子《てんし》』とよんで仰天《ぎょうてん》(たまげること)させたのもこれであった。ウラル山脈を越えてモスクワに達《たっ》したその勝利と征服の絶頂《ぜっちょう》にあったクビライ汗《かん》(フビライ)の傲慢《ごうまん》(おごりたかぶること)な脅迫《きょうはく》(おどし)をものともしなかったのもこれであった。

そして日本自身が決して忘れてはならないことは今日《こんにち》、日本が新しい問題に直面《ちょくめん》しているのはこの同じ英雄的精神によるものであり、これらの問題に対して日本は自尊《じそん》の念《ねん》を更《さら》に一層《いっそう》深める必要があるということである」

実《じつ》に見事《みごと》な高邁《こうまい》（気高《けだか》くすぐれていること）そのものの見識《けんしき》である。シナとインドのアジアの二大文明に決して押《お》し潰《つぶ》されることなくそれらを貪欲《どんよく》に学び尽《つく》し自家《じか》薬籠中《やくろうちゅう》の物（自分の手中《しゅちゅう》にあって自由にできるもの）とし、全《まった》く独自《どくじ》の思想、美術、文化、文明を作り上げることが出来たのは、日本民族とその文明に豊かな天分《てんぶん》、創造性《そうぞうせい》、生命力《せいめいりょく》、同化力が存在していたからにほかならない。でなければ模倣《もほう》に終るか消滅《しょうめつ》するかのどちらかである。

天心は日本民族のもつ本来《ほんらい》の国民性、精神性、創造性並びに「英雄的精神」がわが国の確固《かっこ》たる独立、自立《じりつ》を堅持《けんじ》せしめたとして、神功皇后の三韓征伐《さんかんせいばつ》、聖《しょう》徳太子《とくたいし》の対隋外交《たいずいがいこう》、そして元寇《げんこう》の撃退《げきたい》をあげている。わが国美術の独自性と政治的自立《じりつ》の奥にある精神は同一《どういつ》の「英雄的精神」にほかないことを強調《きょうちょう》してやまなかった。

そうして天心は日露戦争を明年《みょうねん》にひかえた今、明治維新を成就《じょうじゅ》した日本はかってない世界的怒濤《どとう》の時代にこの「英雄的精神」を以《もっ》て立ち向いつつあることを強く意識《いしき》せずにはおられなかったのである。この危機と国難を打開《だかい》しうるのは、独自の美術と文化文明を堅持《けんじ》してきた「英雄的精神」に基《もと》づく「自尊《じそん》の念《ねん》」であることを誰よりも深く認識《にんしき》していたのが、明治最大の思想的巨人岡倉天心であった。橋本左内《はしもとさない》の精神を継承《けいしょう》した天心は、全《まった》く明治日本の生んだ代表的志士《しし》の一人であったのである。

正倉院と天平期の最高の美術

天心はそのあと各時代の美術の特色を説明し、その代表的なものの一つとして天平期《てんぴょうき》(奈良時代)の美術につきこうのべている。

「この皇室《こうしつ》の宝蔵《ほうぞう》(正倉院《しょうそういん》)はまた聖武《しょうむ》天皇と光明《こうみょう》皇后の手まわりの道具類《どうぐるい》を含《ふく》んでいる点で注目《ちゅうもく》すべきものである。それらの品物《しなもの》は二人の死後その娘によって毘盧遮那仏《びるしゃなぶつ》(東大寺大仏)に捧《ささ》げられたもので、今日《こんにち》まで少しもそこなわれずに伝わっているのである。その中には衣服《いふく》、履物《はきもの》、楽器《がっき》、鏡《かがみ》、剣《けん》、絨毯《じゅうたん》、屏風《びょうぶ》、二人が使った紙と筆《ふで》、死後の一年祭《いちねんさい》に使われた儀式用《ぎしきよう》の面《めん》、のぼり、その他の宗教上の服飾《ふくしょく》などがあり、千二百年近い昔の実際《じっさい》の生活をその豪奢《ごうしゃ》(豪華《ごうか》で派手《はで》なこと)と華麗《かれい》(はなやかで美しいこと)さのままに今日に伝えている」

平成二十一年十一月、東京国立博物館において今上陛下《きんじょうへいか》御即位《ごそくい》二十周年記念特別展「正倉院宝物《ほうもつ》と書《しょ》・絵巻《えまき》の名品《めいひん》」が開催《かいさい》されたが、連日《れんじつ》多くの人々が押し寄せた。今日、我々が千年以上も前の至宝《しほう》を見ることができるのは全《まった》く稀有《けう》の幸せといわねばならない。天心は正倉院につき『日本美術史』でこう書いている。

「当時の遺物《いぶつ》が千百年の間、依然《いぜん》として存在するがごときは、変乱相次《へんらんあいつ》ぎ主権《しゅけん》の移動《いどう》つねなきかの諸外国において到底《とうてい》望むべからざることにして……。この倉内《そうない》に蔵《ぞう》せらるる幾多《いくた》の宝物《ほうもつ》は実《じつ》に美術上、歴史上この上もなき至宝《しほう》にして……」

天平時代わが国の彫刻は頂点《ちょうてん》に至《いた》るが、こうのべている。

「同じ主題《しゅだい》を扱った日本人の作品の中にインドの原型《げんけい》の抽象的《ちゅうしょうてき》な美と唐《とう》の力強

さに加えて、奈良の芸術を第二期アジア思想の最高の形式的表現たらしめている繊細《せんさい》さと完璧《かんぺき》さを見い出すのは、我々の単なる民族的自負《じふ》(自信、誇り)だけではないであろう。このようにして始まった奈良時代は、すばらしい彫刻を多く残している。それはまず薬師寺《やくしじ》の青銅《せいどう》の阿弥陀三尊《あみださんぞん》に始まり、続いて三十年後には現《げん》存《そん》するこの種《しゅ》の芸術の疑いもなく最も見事《みごと》な見本《みほん》である同じ寺の薬師三尊《やくしさんぞん》がある」

さらに奈良時代の絵画《かいが》につきこう書いている。

「奈良時代の絵画芸術は――八世紀始めの作と推定《すいてい》される法隆寺《ほうりゅうじ》の壁画《へきが》に見られるように――最高の価値をもち、日本人の天才がアジャンタ石窟壁画《せっくつへきが》のすばらしい技量《ぎりょう》にさらにあるものを加えたことを示している」

奈良時代、つまり文化的には「天平時代《てんぴょう》」、わが国の美術は最高の輝きを示した。東大寺が建てられ大仏《だいぶつ》が造られた。ことにこの時代は将軍万福《しょうぐんまんぷく》や国中連《くになかのむらじ》公麻呂《きみまろ》などの大彫刻家、「大仏師《だいぶっし》」が出て今日に残る数多くの名作・傑作を生み出した。それらは世界的に見て最高水準《すいじゅん》の彫刻作品である。またこの時代、『古事記』『日本書紀』『万葉集』が誕生した。「青丹《あを(お)に》よし奈良《なら》の都《みやこ》は咲《さ》く花《はな》のにほふ《（おう）》がごとくいまさかりなり」とうたわれたこの天平時代は、日本の美術、文化が一《いち》頂点《ちょうてん》に達した盛時《せいじ》であった。

国難を打開しえた力

天心は古代のシナとインドが輝かしい歴史と文化を築《きず》いたのにもかかわらずそれが今や見る影《かげ》もなく崩壊し、欧米の植民地《しょくみんち》、隷属国《れいぞくこく》として支配されている現《げん》状《じょう》を悲しめば悲しむほど、こうした世界的潮流《ちょうりゅう》に抗《こう》してわが国のみ非西洋諸国中、真《しん》に独立《どくりつ》を堅持《けんじ》していることに益々《ますます》感慨《かんがい》を深くして、限りない誇りを強くせずにいられなかった。

「我々はわが最も神聖《しんせい》なる思い出の聖地《せいち》インドが、政治的無関心、組織の欠如《けつじょ》、利害対立《りがいたいりつ》の些細《ささい》（とるにたりないこと）な嫉視《しっし》（憎み見ること）などによって、その独立を失いつつあるのを見た——これは悲しい教訓《きょうくん》であって、いかなる犠牲《ぎせい》を払っても統一《とういつ》の必要なることを我々に痛感《つうかん》せしめたのである。

シナにおける阿片《アヘン》戦争や黒船《くろふね》が海の彼方《かなた》よりもたらした名状《めいじょう》しがたい魔力《まりょく》（西洋の悪魔《あくま》のような強大な力）に一歩一歩ジリジリと後退《こうたい》してゆく東洋民族の有様《ありさま》は、さながら弘安《こうあん》の昔（弘安の役《えき》）の恐るべき元寇《げんこう》を彷彿《ほうふつ》させ（思い出させ）、女をして神《しん》仏《ぶつ》に祈らしめ男をして三百年の泰平《たいへい》の錆《さび》に呻《うめ》いていた刀を磨《みが》かしめたのであった。

孝明《こうめい》天皇がつくった短いが意味深い御製《ぎょせい》（天皇が詠《よ》まれた和歌）がある。天皇は今上陛下《きんじょうへいか》（明治天皇）の御父君《おんちちぎみ》にあたり、日本の今日の隆盛《りゅうせい》あるは大いに陛下の英邁《えいまい》（すぐれていること）なる見識《けんしき》に負《お》うところが多い。御製には、

みな人の　心のかぎりを　つくしてし
　のちにぞたのめ　伊勢《いせ》の神風《かみかぜ》

と詠《よ》まれている。まことにわが国民の独立独行《どくりつどっこう》の気概《きがい》（強い気力）にみちた御製である。……かくして明治維新はミカド（天皇）の神々しい後光《ごこう》を中心に、忠義《ちゅうぎ》というわが国民的信仰の大いなる再生《さいせい》である愛国精神の熱情に燃えているのである」

民族にとり何《なに》より大切なことは、国家の独立と統一である。一人一人の自由とか権利はこれらがあって始めて享受《きょうじゅ》し得《う》るものである。欧米の植民地《しょくみんち》・隷属国《れいぞくこく》に転落《てんらく》したならば、彼らの召使《めしつかい》・奴隷《どれい》にされる。インドやシナという統一なき独立なき国が列強《れっきょう》の制圧下《せいあつか》にある悲惨《ひさん》な現実をその眼で見た天心にとり、わが国が非西洋唯一《ゆいいつ》の例外《れいがい》として独立を保持《ほじ》していることはまさに奇蹟《きせき》に類《るい》することであり、それを可能にした最大の要因《よういん》こそ、国家の統一と国民の結合《けつごう》・統合《とうごう》の核《かく》心《しん》たる天皇・皇室の存在であり、「忠義というわが国民的信仰」であったのである。天心は最終章《さいしゅうしょう》でこうのべている。

「建国《けんこく》この方連綿《かたれんめん》たる皇位《こうい》の蔭《かげ》にはぐくまれたこの民族の不可思議《ふかしぎ》なねばり、シナやインドの諸理想がそれらを創《つく》り上《あ》げた手によってすでに久しい以前《いぜん》に捨《す》て去《さ》られてしまったにもかかわらず、それを我々の間にその全《まった》き純粋《じゅんすい》さもて保存《ほぞん》し来《きた》ったところのあの力強いねばり、藤原時代の文化の優美《ゆうび》さを歓《よろこ》ぶと同時に、鎌《かま》倉《くら》の尚武《しょうぶ》(武勇《ぶゆう》を尚《とうと》ぶこと)の熱情《ねつじょう》にも酔《よ》い、足利《あしかが》のきびしい純潔《じゅんけつ》さを愛しながらも、豊臣《とよとみ》の絢爛豪華《けんらんごうか》さにも寛容《かんよう》でありうるところのこのねばりが今日、日本を西洋思想のこの思いも寄らぬ突然《とつぜん》の流入《りゅうにゅう》にもかかわらず無傷《むきず》に保《たも》っているのである。近代国家の生活が日本に新しい色調《しきちょう》を帯《お》びさせることを強《し》いているにもかかわらず、日本が忠実《ちゅうじつ》に本来《ほんらい》の姿のままでいるということは、言うまでもなくこの国が祖先《そせん》によって教えこまれた不二一元《ふじいちげん》（すべて存在するものは多様《たよう》に見えるけれども実《じつ》は一つであるというインド古来の思想。『古事記』等に見られる日本本来の思想もまた同様である）の思想の根本的《こんぽんてき》至上命令《しじょうめいれい》なのである」

外来の思想、文化、文明を受容《じゅよう》しながら民族本来《ほんらい》の精神、文化、文明を決して失わなかった日本は、幕末《ばくまつ》より明治期にかけて嵐《あらし》の如《ごと》く襲来《しゅうらい》（おそいかかること）した西洋とその文明の猛威《もうい》を凌《しの》ぎ抜いた（こらえ通すこと）。日本民族とその文明の有《ゆう》するこの驚異的《きょういてき》な生命力、ねばり強い精神力は不滅《ふめつ》との確信を天心は重《かさ》ねて強調《きょうちょう》している。『東洋の理想』は日本美術論にして日本文明論である。天心の日本人としての深い自覚と高い誇り、卓越《たくえつ》した見識、洞察《どうさつ》が本書を永遠の古典《こてん》たらしめている。

なお『東洋の理想』の始めに「アジアは一つである」との有名な語句《ごく》がある。

この言葉は古代における日本、シナ、インドの美術・文化・精神思想の密接《みっせつ》なつながり、関係の深さをのべたものである。そうして今日、シナとインドにはもはや失われたアジアの尊い価値ある文化遺産が日本において保持《ほじ》されており、美術・文化におけるアジア的特性《とくせい》を日本文化が一身《いっしん》に担《にな》っており、わが国が「アジア文明の博物館」になっている現実を端的《たんてき》（明白なさま、率直《そっちょく》なこと）にのべたものである。換言《かんげん》すると「アジアを光被《こうひ》（光りが広くおよぶこと）する日本文化の精《せい》髄《ずい》（真髄《しんずい》、最もすぐれたところ）についての誇り」の表明《ひょうめい》でもあった。しかしそれは決して日本の手によりアジアを一つに統合《とうごう》するというような政治的な野心《やしん》（たくらみ、野望《やぼう》）、戦略《せんりゃく》（はかりごと、策略）的な意味を含むものではないことは言うまでもない。現代の古典とされるこの名著は、他の三書（『茶の本』『日本の覚醒』『東洋の覚醒』）とともにいつの日か手にとって読んでほしい。日本人として父祖《ふそ》の国を知る為の必読書《ひつどくしょ》であるからである。

3、国難日露戦争
――日露戦争の大義を説いた文章報国

ボストン美術館東洋部長

天心は明治三十七年二月十日、アメリカへ旅立《たびだ》った。この日、日露戦争の宣戦《せんせん》の詔《みことのり》が発せられた。天心には横山大観《よこやまたいかん》、菱田春草《ひしだしゅんそう》並びに蒔絵《まきえ》の専門家六角紫水《ろっかくしすい》が伴《ともな》った。四人は紋付羽織《もんつきはおり》袴《はかま》に黒足袋《くろたび》・雪駄《せった》(ぞうり)ばきの姿でニューヨークの街《まち》を闊歩《かっぽ》した。日露戦争が始まったので人々の好奇《こうき》の目が降り注《そそ》ぎ、二、三人連れの青年が近づき不躾《ぶしつけ》にも「日本人かそれともシナ人か」と問いかけた。
彼らの非礼《ひれい》な態度に天心は直《ただ》ちに、「ヤンキーかモンキー（猿）か、それともドンキー（驢馬《ろば》）か、君らはどれだい」と応《おう》じた。彼らは返す言葉なくすごすご引《ひ》き下《さが》った。当意即妙《とういそくみょう》（場に応じた即座《そくざ》の気転《きてん》）の辞令《じれい》（あいさつ）である。外国人の非《ひ》礼《れい》、揶揄《やゆ》（からかい）、侮辱《ぶじょく》に対してこのように毅然《きぜん》と相対《あいたい》して相手を黙《だま》らせることに日本の政治家・外交官《がいこうかん》は今でも下手《へた》だが、国士《こくし》（国家のことを心にかけて行動する人物）をもって任《にん》ずる天心にはこうした日本人としての烈々《れつれつ》（強くはげしいこと）たる気概《きがい》があった。

このあと天心はボストン美術館に迎《むか》えられて同館東洋部長に就任《しゅうにん》した。ボストン美術館はアメリカ随一《ずいいち》の数多い東洋美術品を収蔵《しゅうぞう》し、ことに日本美術品の宝庫《ほうこ》として知られていた。軸物《じくもの》（絵や書の掛軸《かけじく》）・屏風《びょうぶ》などの絵画《かいが》・蒔絵《まきえ》・工芸品・刀剣《とうけん》・鍔《つば》・印籠《いんろう》等数千点、浮世絵版画《はんが》が二万点もあり、国宝級の名品が少なくなかった。ところがしかるべき専門家がおらず未整理《みせいり》のままだった。そこで天心というこの上ない適材《てきざい》を得《え》て、これら全《すべ》ての整理と補修《ほしゅう》と各作品の解説《かいせつ》を依頼《いらい》したのである。

こうして以後約十年間にわたる天心のボストン生活が始まるのである。最初は一年余り滞在《たいざい》し、以後一年の半分ほどボストンで仕事をする生活が亡《な》くなるときまで続いた。アメリカ第一の文化都市ボストンでは社交界《しゃこうかい》の女王といわれたガードナー夫人に敬愛《けいあい》された。財産家の老夫人は美術に深い興味《きょうみ》を持ち、その富を傾《かたむ》けて美術品を収集《しゅうしゅう》し芸術の保護《ほご》に務《つと》めた人であったから、日本及び東洋美術に関する最高権威《けんい》である天心と知り合えたことを心から歓《よろこ》び、天心に深く傾倒《けいとう》(深く心を寄せて慕うこと)して終生《しゅうせい》変らざる親交《しんこう》を結んだ。それゆえ天心はボストンにおいて最も著名《ちょめい》な日本人としてあたたかく遇《ぐう》せられる(もてなされること)のである。

アジアの芸術的遺産を擁護する戦い

同年夏、天心はセントルイスの万国博覧会《ばんこくはくらんかい》における万国学術《がくじゅつ》会議で講演《こうえん》した。

予定のルーブル美術館長が子供の病気で突然《とつぜん》欠席となり、代《かわ》りとして依頼《いらい》されたのである。演題《えんだい》は「日本的見地《けんち》より観《み》たる近代美術」だったが大好評《だいこうひょう》を博《はく》した。

当時の記録は「岡倉覚三《かくぞう》氏の名誉《めいよ》」と題してこう伝えている。

「セントルイス博覧会の万国学術会議において、大抵《たいてい》の世界の大学者の演述《えんじゅつ》（演説《ぜつ》）に対しての聴衆《ちょうしゅう》、少なきは二、三十人、多きも五、六十人位《くらい》なりしに、岡倉先生の時は聴衆場《ば》に満《み》ちほとんど立錐《りっすい》の余地《よち》なく、また非常なる大喝采《だいかっさい》にこれあり候《そうろう》てその演説は直《ただ》ちにフランス語とドイツ語に訳され、当地（アメリカ）にても出版致《しゅっぱんいた》しおり候《そうろう》。特に会より推薦招待《すいせんしょうたい》（天心が講師として招かれたこと）を受けしは日本人の名誉にこれあり候《そうろう》のみならず、大喝采を受けられしは一層《いっそう》わが国美術界のために喜ぶべき儀《ぎ》と存《ぞん》じ候」　※候＝である、ますという意味

天心は筆も立ったが弁舌《べんぜつ》もこれに劣《おと》らずすぐれていた。天心が英語で講演した内容は西洋芸術と西洋文明に対する日本人の立場からの抗議《こうぎ》であった。天心は物質的機械万能《ばんのう》的西洋文明と社会が真正《しんせい》の芸術発展に有害《ゆうがい》であり、そのため維新《いしん》以後、日本国民とその伝統的文化がこの恐るべき世界的潮流《ちょうりゅう》に巻《ま》きこまれていか

に苦境《くきょう》（苦しい状態）に陥《おちい》りつつあるかを語った。現在の日本は西洋の物質文明を全面的に受けいれようとする「進歩派《しんぽは》」と、それにある手加減《てかげん》を加えようとする「保守派《ほしゅは》」が対立抗争《たいりつこうそう》しているが自分は後者《こうしゃ》だとして、講演を次のように結んだ。「これらすべての反対的勢力《せいりょく》（進歩派）に対して日本画を保持《ほじ》することは容易《ようい》な業《わざ》ではありません。この中にあって近年《きんねん》に至《いた》り新しい国民絵画の一派《いっぱ》（日本美術院のこと）が興《おこ》されたということは、小《ちい》さからぬ驚異《きょうい》と言わなければなりません。将《しょう》来《らい》に対する我々の希望はその歴史の曙《あけぼの》以来、自己の特性を害《そこな》うことなしに持ち続けてきた日本民族のねばり強さにかかっています。二千年の特質《とくしつ》がわずか三、四十年ぐらいで変えられるものではない。伝統の巨体《きょたい》は今なお依然《いぜん》として何らの損傷《そんしょう》を受けることなしに残っています。近年に至《いた》り日本の古代文化の最善《さいぜん》なるものへのより深い認識《にんしき》が顕著《けんちょ》（あきらかにあらわれること）になって来ました。

現在の戦争におけるわが国民の英雄的な犠牲《ぎせい》の中に、古き日本精神の死せざることを観《み》るのは何《なん》たる喜びでしょう。過去に遭遇《そうぐう》した様々《さまざま》の困難《こんなん》にも拘《かかわ》らず発展を遂《と》げて来た芸術それ自身《じしん》の活力《かつりょく》こそ、我々が最大の期待《きたい》をかけるところのものです。近代社会が我々の前に提起《ていき》（もち出すこと）した大難問《だいなんもん》に直面《ちょくめん》して、我々の不屈《ふくつ》な誇りは鼓舞《こぶ》されるばかりです。今こそ我々はアジアの芸術的遺産《いさん》を擁護《ようご》し得《う》るものが、我々以外に誰もいないことを痛感《つうかん》する。この戦いは最後《さいご》まで戦い抜かなければなりません」

時は明治三十七年、日露戦争の真最中《まっさいちゅう》、場所はアメリカ、天心の歴史的名講演であった。天心にとり日本の美の伝統を守ることとは、とりもなおさず日本民族自身の特性《とくせい》、精神、日本の歴史と伝統、日本そのものを護持《ごじ》することにほかならなかった。日本の美の伝統は日本国家・日本民族と不離一体《ふりいったい》、不可分《ふかぶん》であった。国家の独立・存立を失うならば日本の美の伝統も消滅《しょうめつ》する。今日《こんにち》、インドとシナが欧米の桎梏下《しっこくか》（手かせ足かせのもとにいること）に呻吟《しんぎん》（うめき苦しむこと）しているとき、日本によって保持《ほじ》されてきた「アジアの芸術的遺産《いさん》」を擁護しうるものは日本をおいて存在しないことを、アメリカ人の前でこの様《よう》に切言《せつげん》（切実《せつじつ》に強調《きょうちょう》）したのであった。そうしてその為にも日本は日露戦争に決して敗れてはならなかったのである。日本の美術を確固《かっこ》として擁護する精神と日露戦争を戦い抜く精神は一つのものであるからである。「近代社会が我々の前に提起《ていき》した大問題に直面《ちょくめん》して、我々の不屈《ふくつ》な誇りは鼓舞《こぶ》されるばかりです」との百年以上も前のこの言葉は今日《こんにち》にも通用《つうよう》するとともに、この言葉に「鼓舞」されるのは私ばかりではあるまい。天心は全《まった》く明治日本を代表する堂々《どうどう》たる日本男子の典型《てんけい》であった。

『日本の覚醒』の刊行
——日露戦争への文筆的出陣

明治三十七年十一月、天心はニューヨークにおいて『日本の覚醒《かくせい》』を公刊《こうかん》したが、この英文著作はほとんど予期《よき》しなかったほどの熱狂《ねっきょう》をもって迎《むか》えられて大《だい》反響《はんきょう》をよんだ。それは天心にとり日露戦争への文筆的出陣《ぶんぴつてきしゅつじん》と言ってよかった。天心は本書《ほんしょ》においてわが国がロシアに乾坤一擲《けんこんいってき》（天地をひっくりかえすような大行動）の戦いを挑《いど》んだ歴史的背景《はいけい》と大義名分《たいぎめいぶん》（正大《せいだい》なる道義《どうぎ》）を持ち前の力強い筆致《ひっち》

（文章の書きぶり）で綴《つづ》った。主要《しゅよう》なところをあげよう。

「多くの東洋民族にとって西洋の到来《とうらい》は全《まった》くの幸福とは決して言えなかった。彼らは通商の増大《ぞうだい》を歓迎《かんげい》する気《き》でいるうちに、異国《いこく》の帝国主義《ていこくしゅぎ》の餌食《えじき》になってしまった。彼らはキリスト教宣教師《せんきょうし》の博愛的《はくあいてき》な目的を信じて、この軍事的侵略《ぐんじてきしんりゃく》の先触《さきぶ》れに頭《こうべ》を垂《た》れてしまった」

欧米諸国は東洋諸国に「通商」を名目《めいもく》に接近《せっきん》したが、やがてそれらの国々を征《せい》服《ふく》支配した。またキリスト教の宣教師は「博愛」を掲《かか》げてやって来たが、彼らの実体《じったい》は他国侵略《たこくしんりゃく》の手先《てさき》、思想的尖兵《しそうてきせんぺい》（軍隊の最初に進む部隊）にほかならなかった。非西洋諸国民にとり、「神の愛」を説くキリスト教とその宣教師ほど罪深い宗教はなく、偽善《ぎぜん》に満ちた悪人はいなかったのである。

『原題：The Awakening of Japan（日本の覚醒）』
明治 37 年　（茨城県天心記念五浦美術館提供）

「ヨーロッパのアジア進出《しんしゅつ》は東洋にとっ

て野蛮《やばん》でないにしても粗雑《そざつ》（粗末であらいこと、雑なこと）としか思えない社会思想のおしつけであるばかりか、現存《げんそん》のあらゆる法と社会の秩序《ちつじょ》の破壊《はかい》を意味する。西洋文明をもたらした彼らの船はそれとともに征服《せいふく》、保護《ほご》領《りょう》、治外法権《ちがいほうけん》、勢力《せいりょく》圏《けん》、その他様々《たさまざま》の悪《あ》しきものを運《はこ》んできた。そしてついには東洋といえば退化《たいか》の同義語《どうぎご》となり、土着民《どちゃくみん》といえば奴隷《どれい》を意味するに至《いた》った。踏《ふ》みにじられた東洋にとって、ヨーロッパの栄光《えいこう》はアジアの屈辱《くつじょく》にほかならない」

このようにしてインドもビルマもインドネシアも征服され、シナが半身不随《はんしんふずい》の状態《じょうたい》に陥《おちい》り、彼らの毒牙《どくが》はいよいよ日本に向けられたが、日本だけが別の反応《はんのう》を示すのである。わが国だけなぜそれが可能であったか。その理由を天心はこうのべる。

「太古以来《たいこいらい》のわが民族の愛国心と天皇に対する忠誠心《ちゅうせいしん》は、我々が古来《こらい》の理想《りそう》を一貫《いっかん》して守ってきたことを示しており、更に古代《こだい》シナ、インドの芸術、風俗《ふうぞく》がその発祥地《はっしょうち》でとうに亡《ほろ》びてしまったあとでもわが国で長く保持《ほじ》されてきた事実は、我々の伝統尊重《でんとうそんちょう》をあますところなく証明《しょうめい》している。我々の保守性《ほしゅせい》は皇祖天照大《こうそあまてらすおお》御神《みかみ》が永遠《えいえん》の崇拝《すうはい》を受《う》けている伊勢神宮《いせじんぐう》によって見事《みごと》に象徴《しょうちょう》されている」

「十九世紀始めに体系化《たいけいか》された神道《しんとう》（本居宣長《もとおりのりなが》により大成《たいせい》された国学《こくがく》をさしている）は、神代《かみよ》から伝わった原始《げんし》の純粋性《じゅんすいせい》を尊ぶ祖先崇拝《そせんすうはい》の宗教である。それは日本民族の古来《こらい》の理想である簡素誠実《かんそせいじつ》の精神を守ることを教え、天皇の統治《とうち》に従《したが》い未《いま》だかつて外敵《がいてき》に侵《おか》されたことのない神聖《しんせい》な神国《しんこく》日本のために献身《けんしん》することを教える」

「我々は外来思想《がいらいしそう》のたびたびの流入《りゅうにゅう》にもかかわらず、常に自己《じこ》を失うことがなかった。この民族性のおかげで我々は西洋思潮《しちょう》（思想）に激《はげ》しく洗われながらも、自らの個性《こせい》を保持《ほじ》しえたのである」

「日本はすべてをよろこび迎《むか》え精神的必要にかなうものはことごとく同化《どうか》し、思《し》想遺産《そういさん》の欠《か》くことの出来ない部分《ぶぶん》として取《と》り入《い》れた。わが国古来《こらい》の理想の火《ひ》は常に注意深い選択《せんたく》によって守られる一方、民族生活の広大《こうだい》な畑は相次《あいつ》ぐ洪水《こうずい》のもたらす肥沃《ひよく》な堆積物《たいせきぶつ》によって豊《ゆた》かにされ、清新《せいしん》な緑を萌《も》え出《だ》させたのである。アジアの文化の異《こと》なった諸要素《しょようそ》の総合《そうごう》にあたって費《ついや》された思考《しこう》は、日本の哲学《てつがく》（思想）

にシナやインドには見られない自由と活力《かつりょく》を与えることになった。我々が自分にとって望ましいと思われる西洋文明の諸要素《しょようそ》を、隣人《りんじん》たちより容易《ようい》に理解《りかい》し評価《ひょうか》することができるのは、こうした過去《かこ》の訓練《くんれん》のおかげである」

万古《ばんこ》、天皇を仰《あお》ぐ日本民族の敬神尊皇愛国《けいしんそんのうあいこく》の不滅《ふめつ》の国民性《こくみんせい》が、神国《しんこく》日本と日本文明を護《まも》り抜いてきた根本《こんぽん》であった。シナ文明にもインド文明にも圧倒《あっとう》されず、また近年の怒濤《どとう》のごとき西洋文明の流入《りゅうにゅう》にも耐《た》え抜《ぬ》いて自己を見失《みうしな》わなかったのも、この国民性の賜《たまもの》であったことを天心は力説《りきせつ》してやまなかった。

民族の生存と文明擁護の為の戦い

ロシアに対してなぜ立上《たちあが》らねばならなかったかについてはこうのべている。

「我々にとって最大《さいだい》の衝撃《しょうげき》は、ロシアが満洲占領《まんしゅうせんりょう》だけではなく朝鮮併合《ちょうせんへいごう》をも決意《けつい》していると知った時であった。我々は抗議《こうぎ》に次《つ》ぐ抗議を重《かさ》ねた。ロシアは何《なん》度《ど》も約束を与えたが約束は一向《いっこう》に守られなかった。その間《かん》にロシアは大軍を満洲に送りその前衛部隊《ぜんえいぶたい》は朝鮮にまで入《はい》った。彼らは龍《りゅう》の逆鱗《げきりん》（日本国民の最も耐《た》えがたいところ、朝鮮問題）に触《ふ》れた。こうして我々は起《た》った。遼東《りょうとう》の岩《いわ》をよじ（よじ登る）黄海《こうかい》の波《なみ》を蹴《け》って、我々は決死《けっし》のいくさを戦った。我々は祖国のためにのみ戦ったのではない。維新《いしん》の理想のため、高貴《こうき》な古典文化《こてんぶんか》の遺産《いさん》のため、全アジアの輝かしい再生《さいせい》を夢見《ゆめみ》た平和と融和《ゆうわ》の理想のために戦ったのである」

一読三嘆《いちどくさんたん》（幾度《いくど》も感心しほめること）の名文《めいぶん》である。ここに日露戦争の意義が明《あき》らかにされている。朝鮮半島の国家が大陸の強大国家に支配されるなら、わが国の独立と安全が危殆《きたい》（あぶないこと）に瀕《ひん》する（さしせまる）ことは元寇《げんこう》の例をあげるまでもない。かねて東アジアの覇権《はけん》（支配権）を狙《ねら》うロシアは旅順《りょじゅん》・大連《だいれん》を日本から横取《よこど》りし次いで満洲を併呑《へいどん》（明治三十三年）、続いて朝鮮半島を制圧《せいあつ》しもって日本海・対馬海峡《つしまかいきょう》・黄海《こうかい》の制海権《せいかいけん》を確保《かくほ》せんとして着々《ちゃくちゃく》と南下政策《なんかせいさく》を推《お》し進《すす》めてきたのであった。わが国は国家の独立と民族の生存《せいぞん》の為に欧米人が狂気《きょうき》の沙汰《さた》と見た対露戦争に決然《けつぜん》起《た》ち上《あ》がる以外《いがい》に残《のこ》された選択肢《せんたくし》はなかったのである。

そして同時《どうじ》にこの戦いは、日本によって保持《ほじ》されてきたアジアの貴重《きちょう》な美術、文化並びに精神を永久に守り抜く為の戦いでもあった。国家が滅びるならその美術、文化遺産《いさん》もインドやシナのごとく衰滅《すいめつ》（衰《おとろ》え滅亡《めつぼう》すること）してしまう。天心にとり日露戦争は民族の存亡をかけた戦いであるとともに、日本を柱《はしら》とするアジア文明擁護《ようご》の戦いでもあったのである。

「侵略国は良心《りょうしん》を持《も》たず、弱小《じゃくしょう》民族迫害《はくがい》の為に騎士道《きしどう》は捨《す》てて顧《かえり》みられない。自《みずか》らを守る勇気《ゆうき》と力のないものは奴隷《どれい》になるよりほかない。悲しいことに我々が真《しん》に頼《たの》むことができる友は今なお剣である」

わが国は欧米の奴隷とされない為に必死に西洋文明を取り入れて重武装《じゅうぶそう》し、彼らの持つ精鋭《せいえい》な武器《ぶき》を以《もっ》て戦う以外に生き残る道はなかったのであった。

「日本の芸術は優勢《ゆうせい》な敵に対抗《たいこう》してよく自己《じこ》を守り驚《おどろ》くべき成果《せいか》をあげてきた。我々はこの四十年間、圧倒的《あっとうてき》な欧化主義《おうかしゅぎ》の中で発揮《はっき》された強靱《きょうじん》（しなやかで強く折れ砕《くだ》けないこと）な活力《かつりょく》が、将来《しょうらい》も日本の芸術を守ってゆくことを信じ希望するものである。民族的自信の増大は民族的理想の保持《ほじ》に強い影響《えいきょう》を与える。十年前、清国《しんこく》に勝って以来、自国の風習《ふうしゅう》、芸術を再評価《さいひょうか》する動きがあらわれた。

我々は清国以上の強敵《きょうてき》に対する勝利によって更《さら》に強い自信を与えられることを期待する。我々は西洋が与えるものを今後も進んで学び吸収《きゅうしゅう》してゆくであろう。しかし自己本来《ほんらい》の理想に忠実《ちゅうじつ》であってこそ、世界の尊敬《そんけい》も得《え》られるのだということを忘れてはならない」

天心はその比類《ひるい》なき文筆《ぶんぴつ》の力を用《もち》いて欧米人に英文を以て相対《あいたい》し、日露戦争の道義的《どうぎてき》・文化的・文明的意義につき万丈《ばんじょう》の気《き》（高く強い精神）を吐《は》いて訴《うった》えたのである。それは三軍《さんぐん》の将《しょう》（大軍を率《ひき》いる大将）に優《まさ》るとも劣らぬ文章報国《ぶんしょうほうこく》であった。

明治三十八年三月に帰国したとき、天心は家族にこう語っている。

「自分は米国にあったが、日本のためには日本に在《あ》って銃砲《じゅうほう》を肩《かた》にして御奉公《ごほうこう》した以上に尽《つ》くしたよ」

明治の志士《しし》・岡倉天心の真面目《しんめんもく》がここに躍如《やくじょ》（生き生きとしておどるがごときありさま）としている。

4、天心の不滅の精神・事業
――明治最大の詩人・思想家

天心と小泉八雲

天心は小泉八雲《こいずみやくも》と交《まじわ》りがあり、欧米人に日本の魂《たましい》を伝える八雲の文筆《ぶんぴつ》活動に深い敬意《けいい》を抱《いだ》いていた。八雲は明治三十七年に亡《な》くなるが、死後、ニューヨーク・タイムズは八雲について事実無根《じじつむこん》の中傷《ちゅうしょう》(非難《ひなん》すること)記事《きじ》を載《の》せた。義憤《ぎふん》(道義心に発する憤《いきどお》り)を感じた天心は直《ただ》ちに抗議書《こうぎしょ》を送った。

「この書面《しょめん》が偉大な作家を公平《こうへい》に批判《ひはん》する上において価値《かち》ありとせば、小生《しょうせい》は我々日本人をしかく（そのようにとの意）徳《とく》としている（恩徳《おんとく》をうけているとの意）ところの人物に対しての一義務《いちぎむ》を果《はた》し得《う》ることを、大いなる名誉《めいよ》と感ずるものです。我々の生活及び理想の解説者《かいせつしゃ》としては、我々はその第一の地位をラフカディオ・ハーン（小泉八雲）に与えることを躊躇《ちゅうちょ》（ためらうこと）しない。あらゆる異邦《いほう》の著者中《ちょしゃちゅう》にあって最も近くわが国民の心臓《しんぞう》に触《ふ》れたものは彼だった。一民族の魂《たましい》を他民族に啓示《けいじ》（さとし教えること）する場合《ばあい》、緊要《きんよう》（きわめて大切《たいせつ》なこと）なのは博学《はくがく》ではなくして洞察力《どうさつりょく》（深く見抜くこと）である。我々は歴史家《れきしか》以上のものを求める。つまり詩人を求めるのである。錯雑《さくざつ》（こみいり複雑《ふくざつ》なこと）せる公式《こうしき》と謎《めい》語《ご》（謎の言葉）に似《に》たる伝統《でんとう》を持った古くして異邦的《いほうてき》な文明（日本文明のこと）の帳《とばり》をかかげ（日本文明を解明《かいめい》すること）、局外者《きょくがいしゃ》（他国人）をしてその内的精神《ないてきせいしん》（日本文明の奥深い中身《なかみ》・精神）を味識《みしき》（深く味わって理解すること）せしめることは実《じつ》に容易《ようい》ならざるわざである。いかにラフカディオ・ハーンがこれをよくしたかは、彼の著書《ちょしょ》を読んだ人々は判断《はんだん》しうるだろう。

しかしながら我々は単《たん》なる東方理想《とうほうりそう》の代弁者《だいべん》としてのみ彼を記憶《きおく》すべきでなく、また文芸《ぶんげい》への輝かしい貢献者《こうけんしゃ》としてのみ彼を尊敬すべきでない。我々をして彼を愛惜《あいせき》(愛し惜《お》しむこと)おかざらしめるものは彼の思想の洗練《せんれん》(とぎすまされ高く秀《ひい》で優雅《ゆうが》なこと、素晴らしいこと)であり、彼の文章の惻々《そくそく》たる(悲しいまでに心にしみこむこと)訴《うった》えである。彼の如《ごと》くに考え書いた人にどうして破廉恥《はれんち》(道理《どうり》にはずれた行為をすること、恥知《はじし》らず)の疑いなどかけられようか。我々のうちに客となっていた間、彼の如《ごと》くに行動した人こそ、永久に我々の歎賞《たんしょう》(讃嘆・称讃)を要求するものでなくてはならない」

天心と八雲という二人の天才には共通するものがあった。両者とも博学《はくがく》であり並外《なみはず》れた知性の持主だったが、それ以上だったのが稀有《けう》の洞察力《どうさつりょく》と直観力《ちょっかんりょく》であった。そうして二人は何《なに》より詩人であった。二人の文章は実《じつ》に美しい詩的散文《してきさんぶん》と言ってよい。「私この小泉八雲、日本人よりも本当の日本を愛する」と妻に告《こく》白《はく》したこの異邦人《いほうじん》の魂《たましい》と明治の代表的詩人の魂が深く共鳴共感《きょうめいきょうかん》し合ったのである。両人の著作は今なお瑞々《みずみず》しさにあふれ読む者の魂を深く打ってやまない永遠の古典である。天心と八雲こそ明治日本の生んだ最高の文人《ぶんじん》であった。

「世界の天心」たらしめた『茶の本』

天心は明治三十九年五月、三冊目の英文著作『茶《ちゃ》の本《ほん》』を刊行《かんこう》、三《み》たび日本とその文明の価値を力説《りきせつ》した。この書こそ天心の名を世界に知らせその英名《えいめい》を不《ふ》朽《きゅう》にした『東洋の理想』と並ぶ代表作である。ニューヨークで出版された本書は全米《ぜんべい》を席捲《せっけん》(むしろをまくように広がること)し、やがて仏語訳《ふつごやく》、独語訳《どくごやく》が出て全欧州《ぜんおうしゅう》に普及《ふきゅう》した。和訳《わやく》が出たのは昭和四年、二十三年後である。

天心は先に『日本の覚醒《かくせい》』を著《あらわ》し、日本が何ゆえにロシアに対して立上《たちあが》ら

『原題：The Book of Tea（茶の本）』明治 39 年
（茨城県天心記念五浦美術館提供）

ざるを得なかったかにつき獅子吼《ししく》（熱弁《ねつべん》をふるうこと）した。一方、『茶の本』は日本人の極《きわ》めて穏和《おんわ》で優雅《ゆうが》な生き方が、茶道《さどう》という日本の代表的文化になったことをのべたもので、この二著《にちょ》は対蹠的《たいせきてき》（正反対なこと）である。天心は日本の文化、文明の楯《たて》の両面いわゆる「菊《きく》と刀《かたな》」について語り、近代において力強く興起《こうき》した日本につき欧米人がいまだよく理解できず、わが国が驚異《きょうい》と誤解《ごかい》と偏見《へんけん》の中に晒《さら》されていることを深く憂慮《ゆうりょ》して本書《ほんしょ》を著《あらわ》したのである。主《おも》なところを挙《あ》げよう。

「一般《いっぱん》の西洋人は茶《ちゃ》の湯《ゆ》を見て、東洋の珍奇《ちんき》（珍《めず》らしく奇妙《きみょう》なこと）と稚気《ちき》（幼稚《ようち》なこと）を構成《こうせい》するあの無数《むすう》にある奇癖《きへき》（奇妙な癖《くせ》）のうちの一例《いちれい》に過《す》ぎぬとまともに信じているであろう。彼らは日本が平和な文芸《ぶんげい》にふけっていた頃は野蛮国《やばんこく》と見なしていた。しかし日本が満洲《まんしゅう》に大殺戮行動《だいさつりくこうどう》（日露戦争のこと）を起こしてからは文明国とよんでいる。最近『武士道《ぶしどう》』――わが兵士《へいし》をして身命《しんめい》を惜《お》しまず死地《しち》におもむかしむる『死《し》の術《すべ》』――についてはこれまで多くの論議《ろんぎ》が行われてきたが、茶道についてはそれが我々の『生《せい》の術《すべ》』を多く語っているにもかかわらず、ほとんど関心《かんしん》が払《はら》われていない。もし文明が恐ろしい戦争の栄誉《えいよ》に依拠《いきょ》（よりどころとすることしなければならないというならば、我々は甘《あま》んじて野蛮人としてとどまるであろう。我々の芸術と理想に対してしかるべき尊敬が払われるその時までじっと待《ま》つとしよう。いつの日に西洋は東洋を理解するであろうか。いや理解しようとするであろうか。……茶道は全世界の尊敬を集めている唯一《ゆいいつ》のアジア的儀《ぎ》式《しき》である。白人は我々の宗教と道徳を嘲笑《ちょうしょう》した。だがこの褐色《かっしょく》の飲料《いんりょう》は文句《もんく》なしに受けいれた」

前年に終った日露戦争の勝利は欧米人を驚嘆《きょうたん》させ震撼《しんかん》(ふるい動かすこと)した。羊《ひつじ》の如《ごと》くおとなしく隷従《れいじゅう》する非西洋諸国中、なぜ日本のみこの奇蹟《きせき》があり得《え》たかにつき、彼らは否応《いやおう》なしに探求《たんきゅう》せずにはいられなかった。その結果、その主《しゅ》たる要因《よういん》が今日《こんにち》になお生きている日本人の武士道《ぶしどう》であることに気づいた。明治三十三年英文にて出版された新渡戸稲造《にとべいなぞう》の『武士道』は日露戦争後さらに広く争って読まれた世界的名著であった。欧米人は日本人の比類《ひるい》なき忠誠《ちゅうせい》と勇武《ゆうぶ》の精神が武士道から発《はっ》していることを理解した。

しかし彼らは天心の言う「生《せい》の術《すべ》」であるもう一方の日本人の精神文化につい

ては無知《むち》であった。彼らは日本がロシアを打破る世界一、二の軍事的強国になったとき「文明国」の一員になったとほめ、近代化以前、茶道《さどう》に象徴《しょうちょう》されるすぐれた芸術文化を持つ日本を「野蛮国」と蔑《さげす》んできたのである。

茶道と日本文化

天心は茶道につき欧米人にこう語った。

「十五世紀になると日本ではこれ(茶)を一種《いっしゅ》の審美的《しんびてき》宗教、すなわち茶道にまで高めた。茶道は日常生活の俗事《ぞくじ》の中にあって美《び》を崇拝《すうはい》する為の一種の儀式《ぎしき》である。それは純潔《じゅんけつ》と調和《ちょうわ》、相互愛《そうごあい》の神秘《しんぴ》、社会秩序《しゃかいちつじょ》の浪漫主義《ロマンティシズム》(十八世紀末から十九世紀初めドイツ・フランス・イギリス等に起こった文学・美術の思潮《しちょう》。感情《かんじょう》の優越《ゆうえつ》、主《しゅ》観《かん》の尊重《そんちょう》、無限《むげん》へのあこがれなどを強調《きょうちょう》。明治期以降わが国文学もその影響をうけた)を人の心に植《う》えつける」

「長い間、日本が他の世界から孤立《こりつ》していたことはそれだけ内省《ないせい》を深めることになり、茶道の発展に極《きわ》めて好都合《こうつごう》であった。我々の住居《じゅうきょ》、習慣《しゅうかん》、衣食《いしょく》、磁器《じき》、漆器《しっき》（うるしぬりの器物《うつわもの》）、絵画《かいが》――文学《ぶんがく》さえも――がすべてその影響を受けてきた。いやしくも日本文化を研究しようとするものは、この影響の存在を無視《むし》することはできない。それは優雅《ゆうが》な貴婦人《きふじん》の私室《ししつ》にも、身分卑《みぶんいや》しき者の住家《すみか》にも浸透《しんとう》してきた。わが国の農夫《のうふ》は花を活《い》けることを心得《こころえ》、野人《やじん》もまた山水《さんすい》に敬意《けいい》を払うことを知っている」

「我々は日本の茶の湯の中に、はじめて茶の理想の極致《きょくち》（十分に極《きわ》めつくすこと）を見る。一二八一年、蒙古《もうこ》の来襲《らいしゅう》を見事《みごと》に制圧《せいあつ》（おさえつけること）した日本は、シナ本土が遊牧民《ゆうぼくみん》の侵害《しんがい》によって不幸にも断《た》たれた宋《そう》の文化運動を継続《けいぞく》してゆくことができた。茶は我々にとっては飲み方の形式《けいしき》を理想化する以上のものとなった。それは生きる術《すべ》についての一種《いっしゅ》の宗教である。茶は純潔《じゅんけつ》（けがれなくきよらかなこと）と風雅《ふうが》（みやびやかなこと）の崇拝《すうはい》のための口実《こうじつ》――主客《しゅかく》（主人と客人《きゃくじん》）が一体となってその際《さい》、俗世《ぞくせ》（俗世間《ぞくせけん》）から無上《むじょう》の幸福を生み出そうとする神聖《しんせい》な儀式《ぎしき》――にまで高められた。茶室《ちゃしつ》は寂寞《せきばく》（ものさびしいさま）たる人生の荒野《こうや》におけるオアシスであった」

「露地《ろじ》」についての文章も素晴らしい。

「さらに露地、すなわち待合《まちあい》から茶室を結ぶ庭の小径《こみち》は、瞑想《めいそう》の第一段階であり、自己啓示《けいじ》（神が人間の心を啓《ひら》いて真理を教え示すこと）への通路《つうろ》を意味していた。露地は外界《がいかい》との関係を絶《た》ち、茶室自体《じたい》の中で審美主義《しんびしゅぎ》を十分に味わう新鮮《しんせん》な感覚《かんかく》をよび覚《さ》ますためのものであった。この露地を踏《ふ》んだことのあるものなら、常《じょう》緑樹《りょくじゅ》の薄明《はくめい》を分《わ》けいり、こぼれ松葉《まつば》の散《ち》り敷《し》くあたり、何気《なにげ》なく整然《せいぜん》としている庭石伝《にわいしづた》いに苔《こけ》むした御影石《みかげいし》の燈籠《とうろう》わきをよぎるとき、いかに俗念《ぞくねん》（俗世間《ぞくせけん》における色々な思い、感情）から高められるかを思い返さずにはいられないであろう。身《み》はたとえ都会《とかい》の真《ま》ん中にいようとも、文明の塵《ちり》と騒音《そうおん》を遠く離れた森の中にいるかのような思いがするであろう。かくのごとき清明《せいめい》と純潔《じゅんけつ》の効果《こうか》を生み出した茶人《ちゃじん》の創意《そうい》は偉大《いだい》なものであった」

喫茶《きっさ》を主《しゅ》とする茶道文化《さどうぶんか》の内容《ないよう》は広く奥深《おくふか》い。それは日本特有《とくゆう》の総合的《そうごうてき》文化体《たい》系《けい》である。茶道文化は芸術、道徳、宗教を包含《ほうがん》している。茶室において正式《せいしき》に営《いとな》まれる茶道には、数寄屋《すきや》とよばれる建物《たてもの》、庭園《ていえん》、絵画《かいが》、書《しょ》、陶磁器《とうじき》、工芸品《こうげいひん》、生《い》け花《ばな》、和服《わふく》、和食《わしょく》などが美しい調和《ちょうわ》をもってともなう。また茶道には倫理道徳《りんりどうとく》、宗教、礼儀《れいぎ》が厳然《げんぜん》としてある。結局、茶道は人間形成《けいせい》の一つの場であった。茶を飲むという一見《いっけん》、単純《たんじゅん》な行為の中に実《じつ》に深く広い精神と文化があった。天心はこの茶道の発達が他の芸術、文化の進展《しんてん》を促《うなが》し、かつ日本人の生活を洗練《せんれん》させその優雅《ゆうが》・優美《ゆうび》な生き方に甚大《じんだい》（はなはだ大きいこと）な影響を与えたことを見事《みごと》に説《と》き明《あ》かした。日本人ほど日常の生活に美と芸術、風雅《ふうが》（みやびやかなこと、風《ふう》流《りゅう》、俗《ぞく》っぽくないこと）を求めそれが広くゆきわたっている民族はほかになかったが、かくあらしめる上に茶道の与えた感化《かんか》は極《きわ》めて大きかったのである。

最期――国史に刻まれる天心の精神・事業

最晩年《さいばんねん》の天心はボストン美術館での活躍や『茶の本』の世界的反響《はんきょう》があった

ものの、日本国内では相変《あいかわ》らず評価《ひょうか》は低く不遇《ふぐう》であった。日本美術院は半《なか》ば没落《ぼつらく》状態であり、天心は明治三十九年、日本芸術院を太平洋に面する茨城県五浦《いづら》に移して居宅《きょたく》もここにおいた。大観《たいかん》や春草《しゅんそう》もこれに随《したが》った。人々は「都落《みやこお》ち」と噂《うわさ》した。五浦での天心の日常につき基子《もとこ》夫人はこう語っている。

「五浦へ引込《ひきこ》みましてからは、日和《ひより》さえ宜《よろ》しければほとんど毎日沖《おき》へ釣《つり》に出かけるのが日課《にっか》で、夜分《やぶん》はチビリチビリと晩酌《ばんしゃく》をしながら大抵《たいてい》十一時頃まで翌日《よくじつ》必要な釣道具《つりどうぐ》をこしらえておりました。それから蠟燭《ろうそく》をつけて書斎《しょさい》に入《はい》り、翌日船へ持ってゆく本を見つけて来てそれを手提《てさげ》の中に入れるというのがまた毎晩《まいばん》きまった順序《じゅんじょ》でありました。

翌朝《よくあさ》は三時には食事を済《す》まして、船に乗り込んで沖へ出かけます。帰るのは夕方ですが、万一漁《りょう》がなかった時には、昼時分《ひるじぶん》に帰る時もありました。

船には大抵《たいてい》、千代次《ちよじ》（五浦の漁師《りょうし》）がお供《とも》をしますがその話に、『先生は魚がつかなくなると本を開いてそれに読み耽《ふけ》るのが常《つね》ですが、一度読み出されますと傍《そば》でどんな大きなものを釣《つ》り上げましても見向きも致《いた》されません』と申しておりまし

ます」

た。事実、読書には船中が最も宜《よろ》しいとは常によく言っていられたところでありました。

天心は天賦《てんぷ》の才を授かって生まれたが、生涯《しょうがい》この読書と修養《しゅうよう》を欠かさなかった。天心の家は太平洋を見渡す高台《たかだい》にあったが、在宅《ざいたく》のときはそこに建てた六角堂《ろっかくどう》に坐《ざ》していつも太平洋をながめていたという。胸中《きょうちゅう》に去来《きょらい》する思いは何《なん》だったろうか。

天心は大正二年九月二日、妙高高原《みょうこうこうげん》に設《もう》けた別荘《べっそう》、赤倉山荘《あかくらさんそう》で病歿《びょうぼつ》した。満五十歳だった。この稀代《きだい》の大才《たいさい》はついに報《むく》われることなく世を去った。だが遺《のこ》した事業は偉大であり、天心の精神と功業《こうぎょう》は永久にわが国史《こくし》に刻《きざ》まれる。

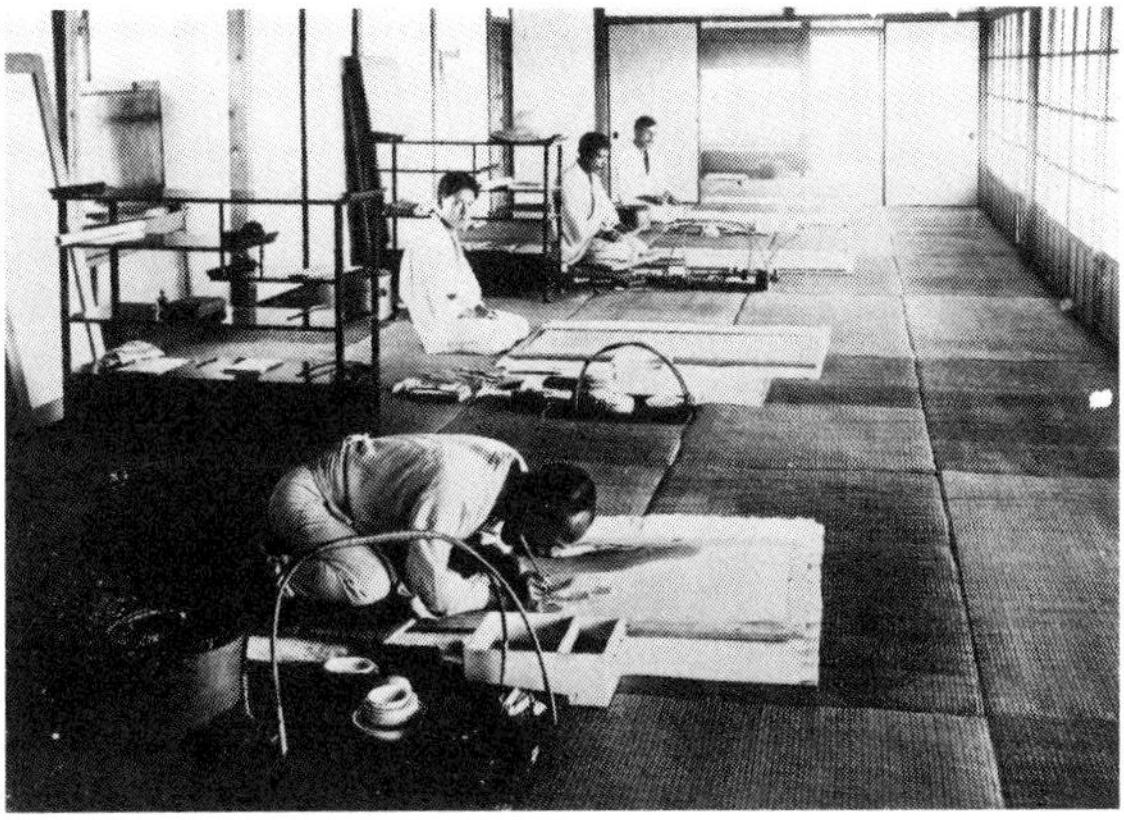

五浦の日本美術院研究所で制作に励む画家たち
手前から木村武山、菱田春草、横山大観、下村観山
（茨城県天心記念五浦美術館提供）

明治の生んだ世界的人物

最後に幾人《いくにん》かの識者《しきしゃ》の天心讃嘆《さんたん》の言葉を挙《あ》げよう。『若菜集《わかなしゅう》』や『夜明《よあ》け前《まえ》』などの名作を残した詩人・小説家島崎藤村《しまざきとうそん》はこうのべている。

「東洋と西洋との文化を本当によく噛《か》み砕《くだ》いた彼の著作《ちょさく》こそは、明治時代が私達に遺《のこ》してくれた最もいい遺産《いさん》の一つと言っていい。彼がその創見《そうけん》(独創《どくそう》的な見識《けんしき》)に満ちた『東洋の理想』の中で教えていることは、ひとり東洋の美術のみに止まらないで文学にも宗教にも哲学にも亙《わた》っている。明治時代に岡倉覚三《かくぞう》のような東洋の諸美術と文学、宗教との関係に対する広い知識と洞察力《どうさつりょく》を持っていた人があったということすら不思議なくらいだ」

美術史、美術評論の権威《けんい》であり天心の精神的後継者《こうけいしゃ》と目《もく》された矢代幸雄《やしろゆきお》はこういう。

「自分は天心先生のはじめられた仕事を三つまで継承《けいしょう》している。第一に美術学校の教授としてすでに三十年の長きにわたっている。第二に博物館の仕事にも携《たずさ》わっている。最後に文化財保護委員会（元の古社寺保存委員会）の仕事をも主催《しゅさい》している。

これらの仕事に当《あた》って来《き》て身《み》に沁《し》みて感じるのは天心の見識《けんしき》のえらさ、人物の偉大さである。何かの問題にぶつかるごとに自分の無能《むのう》さを嘆《たん》ずるとともに、今《いま》更《さら》の如《ごと》く先生のえらさを思わずにいられない。あの時代、あのような条件の下《もと》で、よくもまああれだけの仕事をなしとげられたものだとただ感嘆《かんたん》するほかない。自分は大観、観山《かんざん》（下村）をはじめ靫彦《ゆきひこ》（安田）、紫江《しこう》（今村）、御舟《ぎょしゅう》（速水《はやみ》）、古《こ》径《けい》（小林）、青邨《せいそん》（前田）など美術院派の人々と交《まじ》わったが、そこに烈々《れつれつ》（激しいさま）と流れている天心の偉大な感化《かんか》を知っていよいよ先生のえらさを知らされた」

矢代の「あの時代、あのような条件の下《もと》でよくもまああれだけの仕事をなしとげられたものだ」との感嘆に同意《どうい》しない者はなかろう。天心という人物がいかに高邁《こうまい》（気高《けだか》くすぐれていること）な叡智《えいち》と類《たぐ》いなき才幹《さいかん》を持った桁外《けたはず》れの大才《たいさい》、天才であったか明らかである。天心は後世《こうせい》に不朽《ふきゅう》の事業とすぐれた美術家たち、そうして『東洋の理想』や『茶の本』を通して消え失《う》せることのない精神を遺《のこ》した古《こ》今《こん》に稀《まれ》な偉人の一人であったのである。

すぐれた天心研究家として知られた浅野晃《あさのあきら》は、「天心は明治最大の詩人であり哲人《てつじん》であり、最も見識高《けんしきたか》い志士《しし》であり、ほとんど唯一《ゆいいつ》の明治の予言者《よげんしゃ》であった」と言い、「天心くらい日本を信じた者は恐《おそ》らくなかったであろう」とのべているが至言《しげん》（至極《しごく》もっともな言葉）である。天心の著作や講演録を読むときそこに熱烈《ねつれつ》な愛国心が漲《みなぎ》り、「我々の不屈《ふくつ》な誇りが鼓舞《こぶ》される」のを覚《おぼ》えるのである。明治の知識人・思想家・文人《ぶんじん》・文筆家中《ぶんぴつかちゅう》、天心以上の人物はほとんどいなかった。

天心が亡《な》くなったとき、ボストン最有力《さいゆうりょく》の後援者《こうえんしゃ》ガードナー夫人はその死を深く哀《かな》しみ心のこもった追悼式《ついとうしき》を行った。またボストン美術館は次の追悼文《ついとうぶん》を捧《ささ》げた。

「彼はしばしば多くの話題《わだい》について美術館で講義《こうぎ》をした。彼は明確《めいかく》に語る卓抜《たくばつ》（すぐれてとび抜けていること）な能力、また話題を感興《かんきょう》（面白いという感じを味わうこと）あるものにする能力を持っていた。館長に対し特定《とくてい》の諸問題に関して提出《ていしゅつ》する折々《おりおり》の短い報告は簡潔《かんけつ》な力強い英語表現と健全《けんぜん》な常識の模範《もはん》だった。彼は天才の単純《たんじゅん》さを備《そな》えていた。彼はおそらく東洋美術に関する現代最大の学者であり最も独創的《どくそうてき》な著述家《ちょじゅつか》だった。彼の精神はさながら百科事典《ひゃっかじてん》だった。日本、シナ、インドにおける美術や詩のみならず、歴史、哲学、宗教に関して彼が研究者としてのみならず旅行者として実地《じっち》に得《え》た知識によって答えることのできないような質問を彼に発《はっ》することは不可能だった」

アメリカ人による天心の人物とその業績《ぎょうせき》に対する心からの賞讃《しょうさん》である。天心は最も誇り高い維新《いしん》の志士《しし》の心を持ち続けた日本人だったが、決して頑固一徹《がんこいってつ》、独善的排他的《どくぜんてきはいたてき》ではなかった。天心がアメリカ人からかくも絶讃《ぜっさん》されたことは、天心の精神、信念《しんねん》、見識《けんしき》に高く広い普遍性《ふへんせい》(世界全体に広くゆきわたること)があった証《あかし》である。最も民族的な自覚《じかく》と誇りを持つ人物こそ世界に通用《つうよう》する世界的人物であることの一見本《いちみほん》が岡倉天心であったのである。日本を興起躍進《こうきやくしん》せしめた明治の御代《みよ》にはこのような人物がいたのである。

参考文献

『岡倉天心全集』全八巻別巻一　平凡社　昭和54～56年
『岡倉天心』日本の名著39　中央公論社　昭和59年
『東洋の理想』岡倉天心　講談社学術文庫　昭和61年
『茶の本』岡倉天心・桶谷秀昭訳　講談社学術文庫　平成6年
『日本美術史』岡倉天心　平凡社　平成13年
『父 岡倉天心』岡倉一雄　岩波現代文庫　平成25年
『岡倉天心をめぐる人びと』岡倉一雄　中央公論美術出版　平成10年
『大観自伝』横山大観　講談社学術文庫　昭和56年
『岡倉天心論攷《ろんこう》』浅野晃　永田書房　平成元年
『剣と美―私の岡倉天心』浅野晃　日本教文社　昭和47年
『保田與重郎全集』第五巻　講談社　昭和61年
『岡倉天心』斉藤隆三　吉川弘文館　昭和35年

第三話　岡倉天心——日本の「美の伝統」の擁護者

『天心岡倉覚三』清見陸郎　中央公論美術出版　平成17年
『永遠の天心』茂木光春　文芸社　平成14年
『日本美術の発見——岡倉天心がめざしたもの』吉田千鶴子　吉川弘文館　平成23年
『岡倉天心——その生涯を彩る思想』赤根彰子　大蔵出版　昭和54年
『岡倉天心——アジア文化宣揚の先駆者』堀岡弥寿子　吉川弘文館　昭和49年
『岡倉天心』大岡信　朝日選書　昭和50年
『宝石の声なる人に』大岡信・大岡玲編訳　平凡社ライブラリー　平成9年
『岡倉天心』大久保喬樹　小沢書店　昭和64年
『岡倉天心物語』新井恵美子　神奈川新聞社　平成16年
『美の復権——岡倉天心伝』中村愿　邑心文庫　平成11年
『岡倉天心』宮川寅雄　東京大学出版社　昭和31年
『九鬼と天心』北康利　ＰＨＰ研究所　平成20年
『ベンガルの憂愁——岡倉天心とインド女流詩人』大原富枝　ウェッジ文庫　平成20年
『岡倉天心』木下長宏　ミネルヴァ書房　平成17年

『岡倉天心』別冊太陽　平凡社　平成22年
『日本美術全史』田中英道　講談社学術文庫　平成24年
ほか

日本《にっぽん》の偉人物語《いじんものがたり》　9
聖徳太子《しょうとくたいし》　昭憲皇太后《しょうけんこうたいごう》　岡倉天心《おかくらてんしん》

初版発行　令和6年5月1日

著　　者　岡田幹彦
発 行 者　白水春人
発 行 所　株式会社 光明思想社
〒103-0004　東京都中央区東日本橋2-27-9　初音森ビル10F
TEL 03-5829-6581
FAX 03-5829-6582
URL http://komyoushisousha.co.jp/
郵便振替 00120-6-503028

装　　幀　久保和正
本文組版　メディア・コパン
印刷・製本　中央精版印刷株式会社

ISBN978-4-86700-055-7